Hüttenführer
Allgäuer Alpen

Die Neukonzeption des Hüttenführers, der 1997 erstmals erschienen ist, rückt die ursprüngliche Bedeutung von Berghütten als Stützpunkte im Gebirge wieder in den Vordergrund. Die Schutzhäuser des Deutschen Alpenvereins wurden zumeist in der Pionierzeit des alpinen Tourismus vor rund 100 Jahren errichtet, um den Bergsteigern Touren zu ermöglichen, die bei Anreise und Aufstieg am gleichen Tag kaum zu bewältigen gewesen wären. Dies gilt vor allem am Hauptkamm der Allgäuer Alpen bei Oberstdorf, wo zum Teil lange Talmärsche notwendig sind, ehe es richtig los geht.

Die Hüttenwirte unterstützen diese Rückbesinnung mit Tipps für alpine Unternehmungen, die sich nach einer Übernachtung als Tagestour im Umkreis der Hütte anbieten. Allerdings liefert diese Broschüre dafür keine Führerbeschreibungen. Vorschläge mit umfangreichem Infomaterial über Bergwanderungen und mehrtägige Touren finden Sie in dem Buch „Von Hütte zu Hütte“ (siehe Verlagsverzeichnis Seite 64).

Der Hüttenführer will die Schutzhäuser in den Allgäuer Alpen und im Tannheimer Tal vorstellen sowie Anregungen und nützliche Hinweise für die eigene Tourenplanung geben. Dabei werden auch viele kleine Alphütten erwähnt, die talnahe am Wegesrand liegen und auch jene Wanderer willkommen heißen, denen die Aufstiege zu den großen Hütten zu beschwerlich sind. Die meisten dieser Alphütten sind auch für Familien mit Kindern oder für Radfahrer ohne größere Schwierigkeiten zu erreichen.

Die großen Schutzhäuser des Alpenvereins werden nach Kategorien eingeteilt. Kategorie I heißt, dass die Hütte im Hochgebirge liegt und nicht mit einer Zufahrt erschlossen ist. Mit Ausnahme des Waltenberger-Hauses werden jedoch alle mit einer Materialbahn versorgt. Dies sollte man bei einem Blick in die Speisekarte bedenken.

Wichtige Informationen über die Hütten, über Parkplätze, Telefonnummern und andere Quellen finden Sie auf der Seite 3. Die abgebildeten Karten vermitteln lediglich eine Übersicht über Lage, Parkplätze, Aufstiege und Verbindungswege. Sie können nicht die Wanderkarte ersetzen, die man bei jeder Tour dabei haben sollte.

Viel Vergnügen im Gebirge und kehren Sie wohlbehalten nach Hause zurück.

Klaus [illegible]

Inhalt

Karten-Legende

- Parkplatz
- Bergbahn mit Personenbeförderung
- Fahrweg, geeignet für Radl, Rollstuhl oder Kinderwagen
- Wanderweg
- Klettersteig
- Schutzhäuser
- Alphütten

Parken & Busse

Die Planung einer Bergtour beginnt mit der Anreise. Die meisten Ausgangspunkte lassen sich in vier Zonen einteilen.
Oberstdorf: Der Ortskern ist „autofrei" und für den Durchgangsverkehr gesperrt. Am Ortsrand sind große Auffangparkplätze eingerichtet mit einem Shuttle-Busverkehr ins Zentrum und zur Nebelhornbahn. An der Bahn selbst sind für Bahnkunden Tagesparkplätze vorhanden. Dauerparkplätze stehen in der Tiefgarage des Eislaufzentrums zur Verfügung. Hier bedarf es einer Absprache mit den „Sportstätten Oberstdorf" (zu Bürozeiten Telefon 08322/9150).
Für Touren vom Rappenalptal oder von Einödsbach aus gibt es einen Parkplatz nahe der Fellhornbahn. Um nach Gerstruben und zur Spielmannsau zu gelangen, kann man am Renksteg parken, der über die Zufahrt zur Fellhornbahn zu erreichen ist. Ins Stillachtal fährt ab dem Bahnhof der Linienbus mit Haltestellen am Renksteg und in der Birgsau.

Ausgangspunkte für Bergtouren im Kleinwalsertal sind Parkplätze, die – mit Ausnahme der Region Hoher Ifen – im Bereich der Talstraße liegen. Auf der Hauptstraße durchs Tal verkehrt der „Walserbus" alle 20 Minuten im Pendeltakt. Ab Mitte Mai gilt der jährlich wechselnde Sommerfahrplan, der auf Ankunft und Abfahrt der Züge am Bahnhof Oberstdorf ausgerichtet ist. Der erste Bus verlässt Oberstdorf gegen 7 Uhr, der letzte Bus fährt ab Talschluss Baad gegen 20.50 Uhr. Auskünfte beim Regionalverkehr Allgäu, Telefon 08322/9677-0.

Zu Prinz-Luitpold-Haus und Schwarzenberg-Hütte gibt es Parkmöglichkeit in Hinterstein beim Gasthof „Grüner Hut" (gebührenpflichtig). Von dort Linienbus-Verkehr bis zum Giebelhaus. Erster Bus in Hinterstein ab Ende Mai um 8.15 Uhr, ab 1. Juli um 7.15 Uhr. Rückfahrt vom Giebelhaus ab Ende Mai um kurz nach 17 Uhr, ab Mitte Juni um kurz nach 18 Uhr. Fahrplan-Auskunft: Firma Wimmer & Wechs, Tel. 08324/93230. Die Buslinie von Hinterstein nach Sonthofen oder Oberstdorf betreibt die Firma „Komm mit", Telefon 08321/67100.

Im Tannheimer Tal gibt es (zum Aufstieg zur Landsberger Hütte) bei Tannheim gebührenpflichtige Auffangparkplätze vor dem Ortseingang mit einem Pendelbusverkehr zum Vilsalpsee. Die Zufahrt zum Parkplatz direkt am Vilsalpsee ist von 10 bis 17 Uhr gesperrt. Der Parkplatz für Gimpelhaus und Tannheimer Hütte liegt am westlichen Ortsrand von Nesselwängle. Die Bad Kissinger Hütte hat einen eigenen Parkplatz nördlich von Grän an der Straße in Richtung Pfronten. Im Tannheimer Tal verkehren Busse zu unregelmäßigen Zeiten. Zum Teil fahren Busse bis Oberjoch, zum Teil sogar bis Oberstdorf.

Auskunft und Telefon

Die Telefonnummern sind so angegeben, wie sie von Deutschland aus zu wählen sind. Von Österreich aus bitte die Vorwahl beachten.

Hütten-Hotline: Die 7 großen Hütten am Allgäuer Hauptkamm unterhalten eine „Hotline". Über eine Nebenstelle der Kurverwaltung Oberstdorf können aus einer Mailbox öfters aktualisierte Nachrichten abgehört werden: Sammelnummer 08322/700- für die Enzian-Hütte dann die Nebenstelle -150, Fiderepaß-Hütte -151, Kemptner Hütte -152, Mindelheimer Hütte -153, Prinz-Luitpold-Haus -154, Rappensee-Hütte -155 und Waltenberger-Haus -156.

Bergnot: Rettungsdienst im Allgäu 19222, in Österreich 144. Der Notruf über Handy ist international einheitlich 112.

Wetter: Ansage des Wetterdienstes Oberstdorf, Tel. 08322/1221. Für die Allgäuer Alpen ist bei Westlage der Schweizer Wetterbericht zutreffend, Tel. 0041/1162. Aktuelle Wetterbilder senden die Fernsehprogramme B3, SWR3 und 3Sat morgens vom Fellhorn, Nebelhorn (Oberstdorf) und Tegelberg (Schwangau).

Alpine Beratung: Kurverwaltung Oberstdorf, Tel. 08322/700-200; Kurverwaltung Hindelang, Tel. 08324/8920; Verkehrsamt Kleinwalsertal, Tel. 0043/5517-51140.

Tannheimer Hütte

1713 m *Nesselwängle (Tirol), DAV-Sektion Allgäu-Kempten*

Anfahrt: Das Tannheimer Tal (Tirol/Österreich) liegt zwischen Sonthofen und Füssen/Reutte. Der Ausgangspunkt Nesselwängle ist zu erreichen über Füssen/Reutte, über Pfronten/Grän, über Wertach (A7-Ausfahrt Oy-Mittelberg) oder über Bad Hindelang-Oberjoch.

Aufstieg: Der kostenlose Parkplatz liegt am westlichen Ortsrand von Nesselwängle. Von hier führt der Aufstieg über einen mit Stufen aus Rundholz gut ausgebauten Weg vorbei am Gimpelhaus zur Tannheimer Hütte. Gehzeit knapp 1,5 Stunden. Vom Gimpelhaus noch rund 15 Minuten.

Die Tannheimer Hütte ist Ausgangspunkt für viele Klettertouren in den „Tannheimern“, zum Beispiel am Gimpel und an der Roten Flüh.

Hütte: Wirtin ist seit vielen Jahren Maria Nöss. Die Küche bietet Tiroler Bergsteigeressen, Suppen, Brotzeiten und hausgemachte Kuchen aus dem Holzherd. Zum Schlafen gibt es 21 Lagerplätze. Die Hütte ist von Mitte Mai bis Mitte Oktober geöffnet. Reservierungen sind unter der Rufnummer (von Deutschland aus) 0043/676-3423239 möglich.

Wege: Die Tannheimer Hütte ist Ausgangspunkt für Kletter- und Wandertouren. Erreichbare Gipfel in der Nähe: Rote Flüh in rund 1,5 Stunden und Gimpel 2 Stunden. Lohnenswerte Unternehmungen als Tagestour von der Hütte aus sind der große Rundkurs durch die „Tannheimer“ oder die kleinere Runde um den Gimpel. Für weitere Tipps sollte man sich an die Hüttenwirtin wenden (siehe nächste Seite).

Die Tannheimer Hütte in der Abenddämmerung.

Tipp

Hüttenwirtin Maria Nöss

Von unserer Hütte aus kann ich zwei Touren empfehlen. Für Wanderer geeignet ist die rund dreistündige Runde über die Lechaschauer Alm, über die Gehrenalm und die Kressenwanne zurück zur Hütte. Im Sommer findet man am Weg eine herrliche Flora mit seltenen Blumen.
Sechs Stunden Zeit braucht die Tour über die Musauer Alm und die Nesselwängler Scharte zurück zur Hütte. Die Hälfte dieser Strecke ist anspruchsvoll und mit steilen Aufstiegen verbunden. Unterwegs sind zwei Stellen mit Seilen gesichert.

Tipp sl verlag

Am letzten Samstag im Monat spielt Wirtin Maria aus Nesselwängle Tiroler Volksmusik auf Zither oder Hackbrett. Manchmal wird die Hütte auch zur Konzertbühne, wenn nämlich Einheimische aus dem Tal mit ihren Instrumenten aufsteigen und die Wirtin dabei begleiten.

Gimpelhaus 1659 m

Berggasthaus, Nesselwängle (Tirol)

Hütte: Bewirtschaftet von der Besitzerfamilie Heinrich Guem. Die Küche ist gutbürgerlich. Als Quartier stehen 60 Betten und 180 Lager zur Verfügung. Eigene Gepäck-Seilbahn, Schulungsraum für Kletterkurse.
Aufstieg: Ab Nesselwängle knapp 1,5 Std.
Tourenziele: Rote Flüh 1,5 Stunden, Gimpel 2 Stunden.
Geöffnet: 1. Mai bis 1. November.
Telefon: 0043/5675-8251

Otto-Mayr-Hütte 1528 m

DAV-Sektion Augsburg, Musau (Tirol)

Hütte: Wirt Walter Kerle und seine Familie servieren aus der Küche bodenständiges aus Tirol. 26 Betten und 60 Lager als Schlafquartier.
Aufstieg: Ab Musau 2, ab Vils 3,5, ab Breitenbergbahn Pfronten gut 3 Stunden, ab Füssener-Jöchle-Bahn eine Stunde.
Geöffnet: Mai bis Ende Oktober.
Telefon: 0043/5677-8457

Füssener Hütte 1550 m

Privathütte der Stadt Füssen, Musau

Hütte: Wirt Wolfgang Wagner. Die Küche ist gutbürgerlich. 16 Betten und 40 Lager. Alpengarten beim Haus.
Aufstieg: Siehe benachbarte Otto-Mayr-Hütte und ab Bergstation Reuttener Bergbahnen Hahnenkamm 45 Minuten.
Geöffnet: Ostern bis Pfingsten an Wochenenden, dann durchgehend bis Ende Okt.
Telefon: 0043/676-3423221

Bad Kissinger Hütte

1788 m *Grän (Tannheimer Tal), DAV-Sektion Bad Kissingen*

Anfahrt: Das Tannheimer Tal (Tirol/Österreich) liegt zwischen Sonthofen und Füssen/Reutte. Der Ausgangspunkt nördlich von Grän (Enge) ist zu erreichen über Füssen/Reutte, über Pfronten und Grän, über Wertach (Autobahn A7-Ausfahrt Oy-Mittelberg) oder über Bad Hindelang-Oberjoch.

Aufstieg: An der Straße Pfronten-Grän liegt im Ortsteil „Enge" der beschilderte „Parkplatz Bad Kissinger Hütte". Von dort etwa 1,5 Stunden stetig bergauf bis zur Hütte, die meist im Blickfeld liegt. Bequemer ist der Weg von den Bergstationen der Füssener-Jöchle-Bahn (Grän) oder der Breitenbergbahn (Pfronten).

Die Bad Kissinger Hütte liegt auf der sonnigen Südseite und ist deshalb schon früh im Jahr erreichbar.

Hütte: Ehemals bekannt als Pfrontner Hütte. Wirtin Andrea Walch. Die Küche ist einfach: Suppen, Brotzeiten und hausgemachte Kuchen. 65 Schlaflager.
Geöffnet: Mitte Mai bis Ende Oktober.
Hütten-Funktelefon 0043/676-3731166
Fax für Reservierungen: 0043/5677-20088

Wege: Auf den Aggenstein rund 30 Minuten. Das letzte Stück vor dem Gipfel ist felsig, aber gesichert. Für Kinder und Ungeübte empfiehlt sich Klettersteigausrüstung.
Die Hütte bietet sich an als Ausgangspunkt für Rundwanderungen in den Tannheimern oder für Klettertouren (siehe Tipp rechts).

Tipp

Hüttenwirtin Andrea Walch

Nicht schwierig, aber mit sechs Stunden Gehzeit verbunden ist der Rundkurs über Sebenalm, Vilser Alm, über den Schlagstein hinauf zur Sonnenalm und zurück zur Hütte. Nur für Geübte ist die Tagestour über den Friedberger Klettersteig zum Gimpel und über die Nesselwängler Scharte, dann vorbei an der Otto-Mayr-Hütte zurück zur Bad Kissinger Hütte.
Eine schöne Runde führt über den Aggenstein-Gipfel und den „Langen Strich“ zur Ostler-Hütte am Breitenberg und über den „Bösen Tritt“ zurück zur Hütte.

Landsberger Hütte

1805 m *Tannheim (Tirol), DAV-Sektion Landsberg am Lech*

Anfahrt: Das Tannheimer Tal (Tirol/Österreich) liegt zwischen Sonthofen und Füssen/Reutte. Der Ausgangspunkt Tannheim ist zu erreichen über Füssen/Reutte, über Pfronten und Grän, über Wertach (Autobahn A7-Ausfahrt Oy-Mittelberg) oder über Bad Hindelang-Oberjoch.

Aufstieg: Beginn am Vilsalpsee (1168 m). Die Zufahrt zum gebührenpflichtigen Parkplatz ist von 10 bis 17 Uhr gesperrt. In Tannheim zwei Parkplätze (Gebühr) und von dort Pendelbusse. Aufstiegszeit 1,5 – 2 Stunden. Alternative: Ab Bergstation der Sesselbahn Neunerköpfle (1864 m) ca. 2 Stunden.

Die Landsberger Hütte – umrahmt von lohnenden, leicht zu erreichenden Gipfeln.

Hütte: Alpine Bergsteigerunterkunft der DAV-Kategorie I. Wirt Friedl Bruno. Die Küche hält Tiroler Spezialitäten bereit. Als Quartier stehen 170 Lager und 30 Betten zur Verfügung.
Geöffnet: Pfingsten bis Mitte Oktober, Quartierbestellung unter Landsberger Hütte, A-6675 Tannheim, Tel./Fax 0043/6575-6282. E-Mail: *friedl.bruno@netway.at*
Internet: *www.tannheimertal.at/landsberg*

Wege: Im Umkreis der Hütte sind in rund einer Stunde die Steinkarspitze, die Rote Spitze oder die Lachenspitze erreichbar.

Tipp

Hüttenwirt Friedl Bruno

Als Tagesprogramm von der Hütte aus kann ich drei Touren empfehlen, die jeweils rund fünf Stunden Gehzeit in Anspruch nehmen: Über die Schochenspitze und Sulzspitze zur Usseralpe und wieder zurück. Zum Schrecksee, über die Lanerscharte und den Kastenkopf wieder zurück. Oder eine Gipfeltour zum imposanten Felsmassiv der Leilachspitze (2274 m). Für größere Touren empfehle ich den Übergang zum Prinz-Luitpold-Haus über den Jubiläumsweg.

Prinz-Luitpold-Haus

1846 m *Bad Hindelang-Hinterstein, DAV-Sektion Allgäu-Immenstadt*

Anfahrt: Über Sonthofen oder über die Autobahn A 7 (Ausfahrt Oy-Mittelberg) über Wertach und Oberjoch nach Bad Hindelang. Von dort nach Hinterstein. Parkplatz am Gasthof „Grüner Hut“ (gebührenpflichtig).

Aufstieg: Ab Hinterstein mit dem Linienbus oder mit dem Fahrrad (für Kfz gesperrte Straße) zum Giebelhaus. Von dort Aufstieg in 2 bis 3 Stunden. Busverkehr siehe Seite 3.

Das Prinz-Luitpold-Haus mit Fuchskarspitze und dem Klettergebiet „Gelbe Wand".

Hütte: Alpine Bergsteigerunterkunft der DAV-Kategorie I. Wirtsleute sind seit 2004 Judith und Andi Berktold. Auf der Speisekarte stehen gutbürgerliche Gerichte und Brotzeiten. Für Übernachtungsgäste gibt es 200 Lager und 20 Betten.
Geöffnet von Ende Mai bis zum zweiten Oktoberwochenende. Quartierbestellung unter Fax 0721/151305728, E-Mail: *post@prinz-luitpoldhaus.de* oder im Internet: *www.prinz-luitpoldhaus.de*

Wege: Das beliebteste Ziel ist der imposante Hochvogel, der in 2 bis 3 Stunden erreichbar ist. Die Wegvariante über die Kreuzspitze ist mit leichter Kletterei verbunden, der Weg über den „Kalten Winkel" erfordert im Frühsommer bei morgens noch hartem Altschnee besondere Vorsicht.
Als alternative Aufstiege zur Hütte sind auch die Wege von Hinterhornbach (Tiroler Lechtal) über den Fuchsensattel oder von der Nebelhornbahn-Bergstation über das Laufbachereck empfehlenswert.

Tipp

Hüttenwirte Judith und Andi Berktold mit Sohn Philipp

Wer auf unserer Hütte eine Nacht oder mehrere Nächte zubringt, wird das Prinz-Luitpold-Haus als Ausgangspunkt für tolle Tagestouren entdecken. Für Bergwanderungen empfehlen wir den Hochvogel oder den Glasfelderkopf, beides Gipfel mit herrlichem Panoramablick. Geübte Berggeher und Kletterer finden an der Fuchskarspitze, am Wiedemerkopf und am Schneck anspruchsvolle Routen und so manche Herausforderung.

Das Prinz-Luitpold-Haus ist aber auch eine Station bei der Allgäu-Durchquerung. Die mehrtägige Tour kann man bei uns beginnen oder auf der Landsberger Hütte, mit der uns der Jubiläumsweg verbindet. Zur Kemptner Hütte führt der Weg über Himmeleck, Rauheck und Kreuzeck. Als nächste Tagesetappe folgt der Heilbronner Weg zur Rappensee-Hütte, vielleicht mit einem Abstecher zum Waltenberger-Haus. Und schließlich geht man weiter zur Mindelheimer Hütte, von dort entweder über den Mindelheimer Klettersteig oder über den bequemen Krumbacher Höhenweg zur Fiderepaß-Hütte. Der Abstieg führt ins Kleinwalsertal oder nach Oberstdorf. In jedem Fall nimmt man anschließend den Bus zurück nach Bad Hindelang. Hier sind am Busbahnhof für Bergsteiger einige kostenlose Dauerparkplätze vorhanden.

Tipp sl verlag

Eine ausgefüllte und durchaus anstrengende Tagestour beginnt am frühen Morgen mit dem Aufstieg von Hinterstein aus. Nach einem Frühstück auf der Hütte lässt man – außer ein wenig Proviant – das Gepäck zurück und besteigt über die Kreuzspitze den Hochvogel. Der Rückweg führt alternativ durch den oft schneebedeckten Kalten Winkel über die Balkenscharte zurück zur Hütte. Als Abstieg wählt man den Umweg über einen Teil des Jubiläumsweges und zweigt dann ab zum Schrecksee, wo im Hochsommer ein Sprung ins kalte Wasser herrlich erfrischend sein kann. Vom See aus schlängelt sich der Weg hinab und zurück nach Hinterstein.

Der imposante Gipfel des Hochvogels, dessen Name aus der Jägersprache abgeleitet wird (siehe „Allgäuer Gipfelbuch"), mit dem Prinz-Luitpold-Haus, das fast nur an seinem roten Dach erkennbar ist.

Giebelhaus 1065 m

Bad Hindelang-Hinterstein, Gasthaus

Hütte: Wirt Walter Schmid. Küche: Suppen und Brotzeiten, hausgemachte Kuchen. 65 Schlaflager. Kinderspielplatz, Unfallmeldestelle, Bushaltestelle.
Wege: Ab Hinterstein 2 Stunden, zum Hochvogel insgesamt rund 5 Stunden, zur Schwarzenberghütte knapp 1 Stunde.
Geöffnet: Ganzjährig (außer Nov., Dez. und 3 Wochen im April). Keine Übernachtungsmöglichkeit.
Telefon: 08324/8146

Schwarzenberg-Hütte

1385 m *Bad Hindelang-Hinterstein, DAV-Sektion Illertissen*

Anfahrt: Über Sonthofen nach Bad Hindelang oder über die Autobahn A 7 (Ausfahrt Oy-Mittelberg) nach Wertach über Oberjoch nach Bad Hindelang. Von dort nach Hinterstein. Parkplatz oberhalb des Gasthofs „Grüner Hut“ (gebührenpflichtig).

Aufstieg: Zu Fuß ab Hinterstein in rund 3 Stunden. Oder ab Gasthaus „Grüner Hut“ mit dem Linienbus bis zum Giebelhaus und von dort in knapp 1 Stunde. Die Hütte ist auch mit dem Fahrrad erreichbar.

Die Schwarzenberg-Hütte nach ihrer Renovierung mit Terrasse und einem großen Kinderspielplatz.

Hütte: Wirt Albert Hantschek kocht gutbürgerlich und vor allem Spezialitäten aus seiner österreichischen Heimat. Die Hütte verfügt über 43 Lager und elf Betten. Geöffnet: Vom 25. Dezember bis Ende Oktober.

Wege: Die Schwarzenberg-Hütte liegt ein wenig abseits der großen Wanderrouten. Sie empfiehlt sich als Quartier für Familien mit Kindern. Die Hütte ist auch Ausgangspunkt für Rundwanderungen um den Großen Daumen oder über das Retterschwanger Tal zurück nach Bad Hindelang.

Edmund-Probst-Haus

1930 m *Oberstdorf, DAV-Sektion Allgäu-Immenstadt*

Anfahrt: Auf der B 19 oder mit dem Zug nach Oberstdorf und im „autofreien“ Ort zur Nebelhornbahn.

Aufstieg: Mit der Nebelhornbahn ab Oberstdorf. Die Hütte liegt unmittelbar neben der Bergstation.

Hütte: Wirt ist Georg Säckl, seine Küche gutbürgerlich. Die große Sonnenterrasse ist trotz der Nähe zur Bergbahn ruhig.
Geöffnet: Pfingsten bis Mitte Oktober und Weihnachten bis Weißer Sonntag.
Quartierbestellung: Tel. 08322/4795, Fax 8594, E-Mail *probsthaus@yahoo.de* oder schriftlich an:
Edmund-Probst-Haus,
Nebelhorn 1, 87561 Oberstdorf.

Das Edmund-Probst-Haus am Nebelhorn.

Tipp

Von Hüttenwirt Georg Säckl

Der Hindelanger Klettersteig ist mehr als eine Gratwanderung zwischen Nebelhorn und Großer Daumen. Gute Kondition, Trittsicherheit und Schwindelfreiheit sind wichtige Voraussetzungen für die Kletterzeit von rund fünf Stunden und den Rückweg zum Koblat. Von dort sind es nochmals mindestens zwei Stunden zur Nebelhornbahn bzw. zum Edmund-Probst-Haus. Der Klettersteig wurde 2003 saniert und ist jetzt auf dem neuesten Stand gesichert. Jedoch sind Klettersteig-Ausrüstung mit Anseilgurt und Karabiner zum Sichern sowie ein Kletterhelm unbedingt erforderlich.

Am Klettersteig gibt es drei Notabstiege. Trotzdem sollte die Tour nur bei gutem Wetter und besten Bedingungen unternommen werden.

Große Gefahr besteht bei Gewitter, Regen und Nässe oder bei Schnee und Vereisung. Für alle Fälle sollte man nicht ohne zweckmäßige Ausrüstung (Schuhe, Kleidung, Regen- und Kälteschutz, Handschuhe) sowie Getränke und Verpflegung in diese Tour einsteigen (siehe Seite 56).

Für Klettersteig-Anfänger ist ein Einweisungs- oder Kletterkurs bei einer Bergschule im Edmund-Probst-Haus zu empfehlen. Erst all diese Voraussetzungen bieten größtmögliche Sicherheit. Dann wird die Tour zu einem großen alpinen Erlebnis.

Kemptner Hütte

1844 m *Oberstdorf, DAV-Sektion Allgäu-Kempten*

Anfahrt: Auf der B 19 oder mit dem Zug nach Oberstdorf. (Hinweise auf Parkmöglichkeiten im „autofreien“ Oberstdorf siehe Info-Teil Seite 3.)

Aufstieg: Von Oberstdorf aus Fußmarsch von 1,5 Stunden an der Trettach entlang bis zum Ortsteil Spielmannsau. Auf diesem Abschnitt verkehren allerdings auch Kutschen und Taxis (siehe Seite 23). Von der Spielmannsau bis zur Hütte geht man etwa 2,5 Stunden durch den im Frühsommer noch schneebedeckten Sperrbachtobel.

Die Kemptner Hütte liegt am Beginn des Fernwanderwegs Oberstdorf–Meran (Das Buch zu dieser Route ist im SL-Verlag erschienen, siehe Verlagsverzeichnis auf Seite 64).

Hütte: Alpine Bergsteigerunterkunft der DAV-Kategorie I. Gabi und Martin Braxmair pflegen als Wirtsleute eine über 30-jährige Familientradition. Die Küche scheut keinen Vergleich mit einem guten Wirtshaus im Tal. Warmes Essen von 12 bis 19.30 Uhr. 190 Matratzenlager und 100 Betten.
Geöffnet: Mitte Juni bis Mitte Oktober. Quartierbestellung per Fax 0170/2390857 oder schriftlich an Kemptner Hütte, 87561 Oberstdorf.

Wege: Die Kemptner Hütte liegt an einem Schnittpunkt großer Routen. Hier treffen die Wege vom Oytal, vom Nebelhorn oder vom Prinz-Luitpold-Haus zusammen mit den Routen von der Hermann-von-Barth-Hütte und aus dem Lechtal. Hier beginnt oder endet auch die vielbegangene Verlängerung des Heilbronner Wegs. Die Etappe von Oberstdorf über die Kemptner Hütte ins Lechtal ist das erste Teilstück des Fernwanderweges Oberstdorf–Meran und gleichzeitig ein historischer Wallfahrerweg.

Kemptner Hütte mit dem Kratzer im Hintergrund.

Tipp

Hüttenwirte Gabi und Martin Braxmeier

Auf einer Hütte finden sich ganz unterschiedliche Bergfreunde zusammen. Die einen sind auf dem Weg zu einem attraktiven Ziel, zu einem bekannten Gipfel oder auf einer Route mit einem besonders schönen Panorama. Sie nehmen in Kauf, dass viele andere mit ihnen unterwegs sind. Es gibt aber auch Bergfreunde, die Ruhe, Einsamkeit und Besinnung suchen, die gerne abseits gehen und das Besondere zu schätzen wissen. Für die einen empfehlen wir die Besteigung der Mädelegabel, einem der ersten erschlossenen Gipfel der Allgäuer Alpen und mit 2645 Metern der höchste „Allgäuer" auf deutschem Boden. Die Grenze zwischen Deutschland und Österreich verläuft genau über den Gipfel. Der Große Krottenkopf ist zwar ein paar Meter höher, aber er gehört bereits vollends zu Österreich.
Den Genießern möchten wir ein ganz besonderes Plätzchen empfehlen. Es liegt nur rund 20 Gehminuten von der Hütte entfernt nördlich der Hütte zum Oberen Mädelekopf und zur alten Materialbahn. Hier eröffnet sich ein wirklich wunderschöner Blick nach Oberstdorf, zur Trettachspitze, über das Fellhorngebiet ins Kleinwalsertal und auf den Krottenkopf. Unterhalb des beeindruckenden Kratzermassivs ist die Vielfalt an Blumen besonders groß. Hier sind die Murmeltiere richtig zutraulich. Dieses Plätzchen, das auf einem einfachen Weg zu erreichen ist, wärmt das Herz, wenn man einen Sinn dafür hat.

Gasthof Spielmannsau 990m

Oberstdorf-Spielmannsau

Gasthaus: Privatbesitz der Familie Geiger. Gutbürgerliche Küche mit Spezialitäten vom Lamm aus eigener biologischer Aufzucht. 80 Schlaflager und 30 Betten.
Wege: Ab Oberstdorf rund 1,5 Stunden. Kutschenverkehr und eigenes Zubringer-Taxi auf Anfrage.
Geöffnet: 20. Dezember bis 6. November. Mittwochs Ruhetag.
Telefon: 08322/3015, Fax 88 60

Alpe Oberau 1004 m

Oberstdorf-Spielmannsau

Hütte: Wirtsleute Monika und Wolfgang Finkel. Als Verpflegung gibt es Brotzeiten und Käse aus eigener Herstellung sowie hausgemachte Kuchen.
Wege: Wenige Minuten entfernt vom Gasthof Spielmannsau. Beliebter Radlertreff.
Geöffnet: Mai bis Oktober.
Keine Übernachtungsmöglichkeit.
Telefon: 08322/6930

Tipp

sl verlag

Obwohl die Hütte von vielen „Zugvögeln" auf der Fernwanderung von Oberstdorf nach Meran benutzt wird, ist sie eine Bergsteigerunterkunft geblieben. Als leichte Halbtagestour lockt der Große Krottenkopf, der mit 2656 Metern höchste Gipfel der Allgäuer Alpen. Aber auch die Nachbargipfel wie der Muttler sind reizvolle Ziele. Das Glanzstück alpiner Unternehmungen ist der Heilbronner Weg zur Rappensee-Hütte. Der Name „Weg" täuscht. Es ist eigentlich eine Art Klettersteig, luftig und ausgesetzt über den Grat des Allgäuer Hauptkammes mit einem Seitenabstieg zum Waltenberger-Haus. Siehe Seite 34.

Hermann-von-Barth-Hütte

2131 m *Elbigenalb (Lechtal/Tirol), DAV-Sektion Düsseldorf*

Anfahrt: Über Füssen-Reutte oder durch das Tannheimer Tal über den Gaichtpass ins Lechtal nach Elbigenalb. Von Westen her erreicht man den Ort durch den Bregenzerwald und über den Hochtannbergpass.

Aufstieg: Parkplatz in Ortsnähe Elbigenalb. Bis zur Talstation der Materialbahn führt eine gesperrte Fahrstraße, ab dort ein schmaler Weg in 3 Stunden zur Hütte. Ein Aufstieg von Hinterhornbach aus dauert 4 bis 5 Stunden.

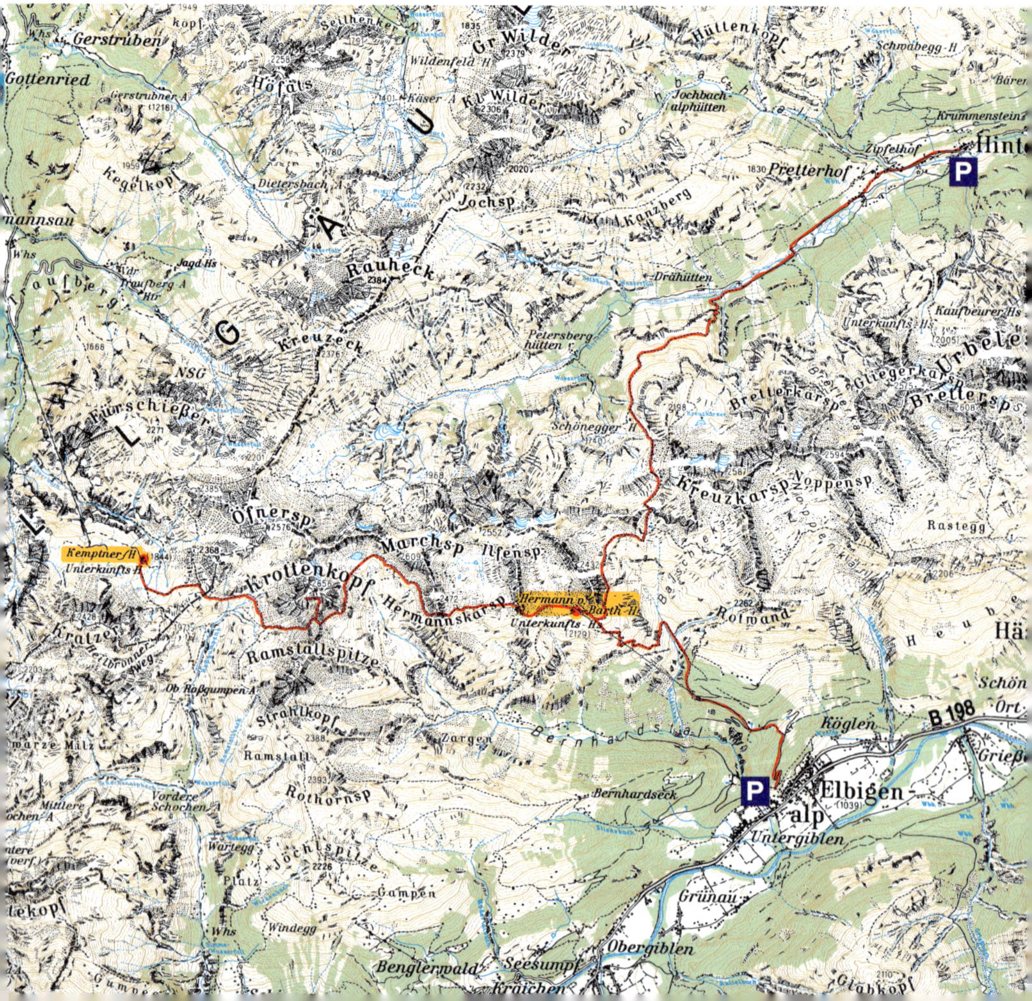

Die Hermann-von-Barth-Hütte, benannt nach dem berühmten Erschließer der Allgäuer Alpen, liegt auf der Südseite und gilt als Zentrum für Kletterer.

Hütte: Alpine Bergsteigerunterkunft der DAV-Kategorie I. Wirtsleute Gerhard Vonier und Annette Dobler. Die Küche bietet Hausmannskost und vegetarische Gerichte.
Geöffnet von Mitte Juni bis erstes Oktober-Wochenende. Quartierbestellung: Hermann-von-Barth-Hütte, A-6652 Elbigenalb, Tel. und Fax 0043/5634-6671. Internet unter *www.hermann-von-barth.at*

Wege: Der Übergang von der Kemptner Hütte dauert 3 bis 4 Stunden. Zum Gipfel des Großen Krottenkopfs geht man von hier ebenfalls 3 bis 4 Stunden

Tipp

Von Hüttenwirt Gerhard Vonier

Die Hermann-von-Barth-Hütte wird nicht nur von Bergwanderern als Etappenziel geschätzt, sondern auch von Kletterern als Stützpunkt für ihren Sport am blanken Fels. Seit der Sanierung der Kletterrouten an der Wolfebnerspitze hat die Szene neuen Auftrieb erhalten. Dazu trägt nicht nur die Einrichtung von zwei Klettergärten maßgeblich bei. Zudem haben wir einen Seminarraum mit einer Boulderwand gebaut.

Waltenberger-Haus

2084 m *Oberstdorf, DAV-Sektion Allgäu-Immenstadt*

Anfahrt: Mit dem Auto nach Oberstdorf. Parkplätze im Birgsautal gegenüber der Fellhornbahn. Ab Bahnhof Oberstdorf mit den Linienbus nach Birgsau. Anfahrt auch mit dem Fahrrad möglich bis zum Gasthaus Einödsbach.

Aufstieg: Fußweg von der Fellhornbahn bis Einödsbach rund 1,5 Stunden. Aufstieg zum Waltenberger-Haus in gut 2 Stunden. Im „Bacher Loch“ genannten Tobel liegt noch bis in den Sommer hinein Altschnee. Schneebrücken erfordern einige Vorsicht.

Das Waltenberger-Haus mit der Sonnenterrasse auf der Südseite und dem darunter ausgebauten Winterraum, der auch im Sommer als Nachtlager genutzt wird.

Hütte: Alpine Bergsteigerunterkunft der DAV-Kategorie I. Wirt Gerhard „Mandi" Böllmann. 10 Betten und 70 Lager stehen für Übernachtungsgäste zur Verfügung. In Ermangelung einer Materialbahn wird das Waltenberger-Haus als einzige DAV-Hütte im Allgäu zu Saisonbeginn mit dem Hubschrauber versorgt. Die Küche muss mit den Frischwaren auskommen, die im Rucksack hinauf getragen werden können. Dafür hat sich das Waltenberger-Haus seinen Charakter als Bergsteiger-Quartier erhalten. Die Stube ist klein, aber urgemütlich.

Wege: Ausgangspunkt für Kletter- und Gipfeltouren. Bis zur Mädelegabel, dem höchsten Berg im Allgäu, steigt man 2,5 Stunden auf. Bis zum Einstieg am Fuß der Trettachspitze sind es 1,5 Stunden. Der Gipfel ist in einer Kletterei im II. bis III. Schwierigkeitsgrad erreichbar.

Tipp

Hüttenwirt Mandi Böllmann

Den Charakter als Bergsteiger-Stützpunkt hat sich das Waltenberger-Haus noch am ehesten bewahrt. Und es eignet sich auch nach wie vor für anspruchsvolle Gipfeltouren. Von der Halbtagestour bis zu Unternehmungen von mehr als sechs Stunden haben wir alles zu bieten.

Zur Mädelegabel (2646 m) geht man gewöhnlich rund viereinhalb Stunden auf markierten Wegen, die Trittsicherheit verlangen, weil leichte Felspassagen zu überwinden sind. Außerdem wird mit dem Schwarzmilzferner der einzige Gletscher im Allgäu überquert. Die Bockkarkopf-Überquerung ist ein rund dreieinhalbstündiger Rundkurs und ein Herzstück des Heilbronner Weges. Leichte Felspassagen verlangen Trittsicherheit und sind teilweise mit Seilen gesichert.

Das Hohe Licht (2651 m) ist ein herrlicher Aussichtsberg, der vom Waltenberger-Haus über den Heilbronner Weg in sechs bis sieben Stunden erreichbar ist. Der markierte Weg führt durch hochalpines Gelände mit Felspassagen, Seilsicherungen und Klettersteighilfen. Trittsicherheit, Schwindelfreiheit und gute Kondition sind von Nöten.
Der „Berg der Guten Hoffnung“ ist unser Hausberg. Die zweieinhalbstündige Tour führt auf nicht markierten Steigspuren mit leichten Kletterpassagen (Schwierigkeit I) zu einem wenig besuchten Gipfel. In teilweise brüchigen Passagen sind Trittsicherheit und Bergerfahrung erforderlich.
Der Wildengundkopf ist nur geübten Bergsteigern zu empfehlen, weil der nicht markierte Weg durch das einsame Mädele-Kar absolute Trittsicherheit erfordert. Die alpine Szenerie eröffnet eindrucksvolle Tiefblicke. Die Tour dauert normalerweise rund drei Stunden.
Die Überschreitung der Trettachspitze ist eine reine Klettertour (bis Schwierigkeitsstufe III). Es ist eine großzügige und genussvolle Gratkletterei, die von der Hütte aus rund sechs Stunden Zeit in Anspruch nimmt. An der Trettachspitze gibt es allerdings auch andere Routen in allen Schwierigkeitsgraden bis VII+.

Tipp

sl verlag

Am ersten Sonntag nach der Hüttenöffnung veranstaltet Hüttenwirt „Mandi“ Böllmann das „Bockkar-Rennen“. Mit Holzstangen wird auf dem Altschnee des Bockkars ein Slalomkurs gesteckt. Gefahren wird auf Firngleitern, die im Allgäu „Figle“ genannt werden. Es werden aber auch abgesägte Kurzski zugelassen, sofern sie eine bestimmte Länge nicht überschreiten. Manche Teilnehmer gehen mit sportlichem Ehrgeiz an den Start. Andere sind schon froh, wenn sie die Abfahrt auf dem festen, meist welligen Altschnee ohne Sturz überstehen. Die Gaudi beginnt schon am Vorabend mit der Startnummern-Verlosung.

Und noch ein Tipp: Das Waltenberger-Haus ist die einzige hochalpine DAV-Hütte am Allgäuer Hauptkamm ohne Materialbahn. Sie wird zu Saisonbeginn mit dem Hubschrauber versorgt. Gäste, die von Einödsbach im Tal einen Holzscheit oder andere Lasten den Berg hoch schleppen, werden vom Hüttenwirt in „Naturalien“ entlohnt.

Unter dem „Berg der Guten Hoffnung“ schmiegt sich das Waltenberger-Haus an die Flanke, die zum Bockkar führt. Links von der Hütte beginnt der Weg zur Trettachspitze.

Gasthof Einödsbach 1120 m

Oberstdorf-Einödsbach

Hütte: Seit vier Generationen im Familienbesitz. Urgroßvater Johann Baptist Schraudolph schrieb als Bergführer Alpingeschichte. Die Küche ist gutbürgerlich. Für eine Übernachtung sind Betten und Matratzenlager vorhanden.
Wege: Vom Parkplatz gegenüber der Fellhornbahn geht man auf gesperrter Fahrstraße (Radeln erlaubt) rund 1,5 Stunden.
Geöffnet: Anfang Mai bis 25. Oktober.
Telefon: 08322/98454

Rappensee-Hütte

2091 m *Oberstdorf, DAV-Sektion Allgäu-Kempten*

Anfahrt: Mit dem Auto nach Oberstdorf. Parkplätze im Birgsautal gegenüber der Fellhornbahn. Für Zugreisende ab Bahnhof Oberstdorf mit den Linienbus nach Birgsau. Die Anfahrt bis zum Gasthaus Einödsbach (siehe Seite 29) ist auch mit dem Fahrrad möglich.

Aufstieg: Vom Birgsautal (Fellhornbahn) aus gibt es zwei Möglichkeiten: Über Einödsbach und die Enzianhütte in 3,5 bis 5 Stunden. Auf der gesperrten Fahrstraße (Radfahren erlaubt) durch das Rappenalptal bis zur Schwarzen Hütte und von dort in 2 bis 3 Stunden durch den Körbertobel.

Hütte: Alpine Bergsteigerunterkunft der DAV-Kategorie I. Wirtsleute sind Sylvia Socher und Andreas Greiner. Küche wie in einem gutbürgerlichen Wirtshaus im Tal, zudem vegetarische Gerichte. Warme Duschen.
Eine Besonderheit sind die beiden Bergseen vor der Hütte. Der Rappensee ist im Hochsommer manchmal „warm“ genug zum Baden.
Geöffnet: Mitte Juni bis Mitte Oktober – je nach Witterung. Quartierbestellung: Hütten-Fax 0171/2631250 oder per Post an Rappensee-Hütte, Postfach 1412 in 87561 Oberstdorf.
Internet: *www.rappenseehuette.de*

Wege: Der berühmteste Weg am Hauptkamm der Allgäuer Alpen ist der Heilbronner Weg. Die reine Gehzeit mit der Verlängerung zur Kemptner Hütte beträgt 6 bis 8 Stunden. Bis zum Waltenberger-Haus geht man 4 bis 5 Stunden (Beschreibung Seite 34).
Von der Hütte aus lassen sich aber auch schöne Gipfeltouren unternehmen, zum Beispiel zum Biberkopf in 2,5 Stunden, zum Hochrappenkopf und zum Rappenseekopf in jeweils einer Stunde. Das Hohe Licht ist in rund 1,5 Stunden erreichbar. Nur ein paar Schritte beziehungsweise wenige Minuten sind es bis zu den zwei Seen vor der Hütte.

Karte mit Aufstiegen und Wegen siehe Seite 26 (Waltenberger-Haus)

Schwarze Hütte 1235 m

Oberstdorf, Rappenalptal

Hütte: Wirtin Hedwig Bietsch. Küche: Brotzeiten, eigene Milch. Keine Übernachtungsmöglichkeit
Wege: Ab Oberstdorf 9,5 Kilometer, ab Fellhornbahn Fußweg rund 2 Stunden. Anstiege zur Rappensee-Hütte und zur Mindelheimer Hütte gut 2 Stunden.
Geöffnet: 15. Juni bis 3. Oktober

Die Rappensee-Hütte ist gleich mit zwei Seen vor der Haustüre gesegnet. Der kleine See direkt unterhalb der Terrasse ist allerdings nicht der Rappensee. Der liegt ein paar hundert Meter weiter westlich und eignet sich im Hochsommer zu einem erfrischenden Bad.

Tipp

Hüttenwirte Sylvia Socher und Andreas Greiner

Vom Heilbronner Weg und dem Hohen Licht mit seiner beeindruckenden Aussicht einmal abgesehen, führen die schönsten Tagestouren von der Hütte nach Südwesten.

In rund einer Stunde steigt man über den Ostgrat in leichter Kletterei auf den Rappenseekopf. Nach der Gipfelüberschreitung auf dem Westgrat runter zum Sattel und in rund 45 Minuten hinauf zum Hochrappenkopf. Vom Gipfel führt der Weg zurück zum Sattel, und dann geht es in Serpentinen zurück zur Hütte.

Rund drei Stunden Gehzeit benötigt man zum Biberkopf (2599 m), dem südlichsten Gipfel Deutschlands. Über den Sattel zwischen den Rappenköpfen und einem Kamm mit kurzem Zwischenanstieg führt der Weg in die Nordflanke zum Westgrat. Dann geht es weiter durch einen seilgesicherten Kamin zum Gipfel, der ebenfalls mit einer herrlichen Aussicht aufwartet.

Die kürzeste, aber vielleicht ebenso genussvolle Tour ist der „Abstieg" zum Rappensee, der manchmal im Hochsommer warm genug ist für ein erfrischendes Bad.

Die Rappensee-Hütte mit dem Rappensee (links)

Der Heilbronner Weg ist ein alpiner Höhenweg über den Hauptkamm der Allgäuer Alpen. Nach dem Bau ihrer Schutzhütten Rappensee-Hütte und Kemptner Hütte wollte die DAV-Sektion Allgäu-Kempten im Jahre 1896 einen Steig bauen, der die Lücke zwischen diesen beiden Unterkünften schließt und zwei bereits erschlossene „Glanzlichter" der Allgäuer Alpen, das Hohe Licht (2651 m) und die Mädelegabel (2645 m), miteinander verbindet. Weil aber die Vereinskasse nach dem Hüttenbau völlig erschöpft war, bot sich die Sektion Heilbronn als Sponsor an und durfte dafür dem Weg auch den Namen geben.
Nach Plänen des Kempteners Anton Hengeler stellte der Wegmacher Anton Klein aus Oberstdorf-Rubi den hochalpinen Steig zwischen Steinscharte und Bockkar 1899 fertig. Der Heilbronner Weg ist heute einer der meistbegangenen Höhenwege der Alpen.

Unser Tipp

Mit dem Fahrrad nach Einödsbach, von dort Aufstieg zur Rappensee-Hütte und am nächsten Morgen hinauf zur Steinscharte, der je nach Altschneelage schwierigsten Passage. Der Weg zwängt sich durch das „Heilbronner Törle", einen Felsspalt unterhalb des Hohen Lichts. Konditionsstarke nehmen diesen 2651 Meter hohen Gipfel mit, andere lassen ihn rechts liegen und gehen die Steinscharte hinauf, wo der eigentliche, 1899 eingeweihte Weg beginnt. Nach einer Querpassage erreicht man die erste Leiter hinauf zum Steinschartenkopf (2615 m).

Der Aufstieg von der Rappensee-Hütte zur Steinscharte ist bis zum Frühsommer mit Schnee bedeckt. Bergwachtmänner, Bergführer und Helfer der Hüttenwirte schaufeln die Querungen frei, ehe es heißt: „Der Heilbronner Weg ist begehbar."

Der Heilbronner Weg ähnelt einem Klettersteig. Manche Passagen über die Gipfelgrate des Allgäuer Hauptkammes sind mit Seilen und Leitern gesichert.

Immer im Gipfelbereich zieht sich der zum Teil sehr schmale, ausgesetzte, aber mit Drahtseilen gesicherte Steig weiter über den Wilden Mann (2577 m) zum Bockkarkopf (2609 m). Unterwegs bietet sich ein Zwischenabstieg an über die Socktalscharte (2446 m) zum Waltenberger-Haus. Dem Heilbronner Weg folgend, erreicht man nach dem Bockkarkopf die Bockkarscharte. Hier zweigt der Normalweg ab zum Waltenberger-Haus. Beide Abstiege liegen nordseitig und sind manchmal bis in den Sommer hinein schneebedeckt. Vom Waltenberger-Haus steigt man nach einer wohlverdienten Pause in gut einer Stunde nach Einödsbach hinab. Bei einer Verlängerung des Wegs über die Kemptner Hütte sollte man dort eine weitere Übernachtung einplanen.
Wie bei einem Klettersteig sind schwierige Passagen mit Fixseilen und Leitern begehbar gemacht. Allerdings verlangen die felsigen Gipfelgrate mit Tiefblick unbedingt Trittsicherheit und Schwindelfreiheit. In der Hochsaison herrscht an Leitern und Schlüsselstellen manchmal dichtes Gedränge. Eigene alpine Erfahrung ist dennoch von Nöten. Denn Altschneefelder und ein plötzlicher Wetterumschwung können zu einer Herausforderung werden, die den Ungeübten in Gefahr bringt. Wetterfeste Kleidung und stabile Bergschuhe sind daher Grundvoraussetzung für die Begehung. Bergfexe bewältigen den Heilbronner Weg als Tagestour. Bergwanderer, denen der Naturgenuss wichtiger ist als die sportliche Leistung, sollten eine oder besser zwei Übernachtungen einplanen. Dazu bieten sich drei Hütten an – je nach Routenwahl, nämlich die Rappensee-Hütte, das Waltenberger-Haus und die Kemptner Hütte.

Enzian-Hütte

1790 m *Oberstdorf, Privathütte*

Anfahrt: Mit dem Auto nach Oberstdorf. Parkplätze gibt es im Birgsautal gegenüber der Fellhornbahn. Für Zugreisende ab Bahnhof Oberstdorf mit den Linienbus nach Birgsau (Gasthaus Birgsau). Die Anfahrt hinauf bis zum Gasthaus Einödsbach ist auf der gesperrten Fahrstraße mit dem Fahrrad möglich.

Aufstieg: Von Einödsbach aus (siehe Seite 29) führt der zweistündige Weg zunächst parallel zum Rappenalpbach und dann in Serpentinen steil hinauf. Eine Variante für Besucher, die aus Oberschwaben und dem Westallgäu anreisen, ist die Fahrt über den Bregenzerwald nach Warth/Lechleiten und in 3 bis 4 Stunden zur Enzian-Hütte.

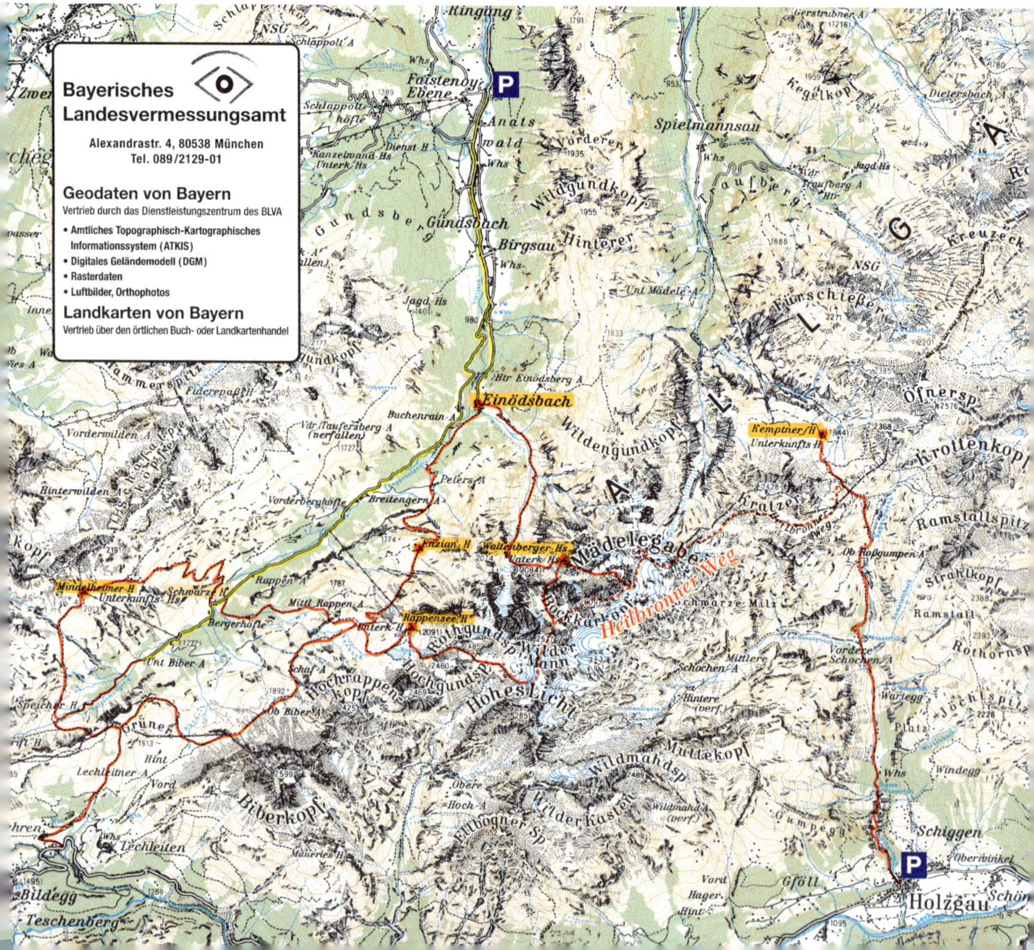

Die Enzian-Hütte mit den Rappenköpfen im Hintergrund.

Hütte: Die Privathütte ist seit 1930 im Besitz der Familie Schwegler. Ines und Daniel Schwegler verfügen über drei Doppelzimmer, fünf Mehrbett-Zimmer und zwei Lager mit insgesamt 65 Plätzen. Die Küche ist reichhaltig mit Wildspezialitäten und Forellen aus dem hauseigenen Fischteich. Geöffnet von Pfingsten bis etwa 20. Oktober. Hüttentelefon 0170/7931655. Infos gibt es auch im Internet unter der Adresse *www.enzianhuette.oberstdorf.de*

Wege: Die Rappensee-Hütte liegt eine Stunde Gehzeit oberhalb. Nach gut der Hälfte zweigt ein Weg ab zurück ins Rappenalptal und geradeaus zum Schrofenpass. Von dort aus erreicht man Lechleiten und das Holzgauer Haus oder man bleibt im Allgäu und läuft zur Mindelheimer Hütte (siehe Seite 40). Von dort aus führt der Rückweg über den Krumbacher Höhenweg und den Guggersee zurück zum Ausgangspunkt Birgsau.

Tipp

Hüttenwirte Ines und Daniel Schwegler

Eine anspruchsvolle Tagestour führt von der Enzian-Hütte hinauf auf den Linkerskopf, der für seine Blumenvielfalt und seine Aussicht bekannt ist. Die Tour ist anstrengend und erfordert 4 bis 5 Stunden Gehzeit. Es ist eher ein Pfad als ein breit getretener Weg. Das kommt vor allem daher, dass diese Tour wenig begangen wird. Großer Andrang oder gar Massenbetrieb herrscht hier eigentlich nie. 50 Meter unterhalb des Gipfels gibt es eine Seilsicherung, die trotzdem nicht für Anfänger geeignet ist.

Die zweite Tour, die wir empfehlen können, ist ein Alprundwanderweg, der bei uns „Wildererweg“ genannt wird. Er ist eher ein Spazierweg, wartet aber ebenfalls mit einer herrlichen Aussicht auf die Allgäuer Alpen und das Allgäuer Alpenvorland auf.

Der Kurs führt in rund 1 Stunde Gehzeit rund um das Känzele und zur „Wilderer-Hütte“, die aus Großvaters Zeiten stammt und früher angeblich ihrem Namen alle Ehre gemacht hat.

An diesem Punkt des Rundwanderweges öffnet sich ein Panoramablick, der weithin seinesgleichen sucht. Diese wenig anstrengende Tour kann man auch als Abendspaziergang unternehmen und dabei die Romantik der Berge genießen.

Bild rechts: Die in den Allgäuer Alpen einst ausgerotteten Steinböcke fühlen sich inzwischen wieder hier zu Hause. Unser Bild entstand am Kratzer mit Mädelegabel und Trettachspitze im Hintergrund. Häufig zu finden sind die Steinböcke auch im Bereich der Mindelheimer Hütte.

Tipp

sl verlag

Die Enzian-Hütte fällt völlig aus dem Rahmen. Sie gehört nicht dem Alpenverein und ist deshalb auch nicht den Regeln unterworfen, die der DAV für seine Hütten festgesetzt hat. Das betrifft unter anderem die Nachtruhe, die hier erst nach 22 Uhr beginnt. Für die alpine Hütten-Szene außergewöhnlich ist das Wellness-Angebot mit Sauna, Whirlpool und Massage. Wirt Daniel Schwegler ist gelernter Koch und Masseur. Auf seiner Hütte, die seit Generationen in Familienbesitz ist, pflegt er beides, die gute Küche und das Relaxen. Deshalb ist die Enzian-Hütte ein außergewöhnlicher Tipp für Wanderer, die in den Alpen Entspannung suchen.

Mindelheimer Hütte

2013 m *Oberstdorf, DAV-Sektion Mindelheim*

Anfahrt: Für den Aufstieg zur Mindelheimer Hütte gibt es zwei Möglichkeiten der Anreise, über Oberstdorf oder das Kleinwalsertal. Über die Schwarze Hütte (Rappenalptal) parkt man am Renksteg oder in der Birgsau gegenüber der Fellhornbahn. Im Kleinwalsertal fährt man bis Bödmen oder Baad. Parkplätze an der Talstraße oder in Schwendle.

Aufstieg: Ab Schwarze Hütte in rund 2 Stunden auf der Südseite durch Weidegebiet. Vom Kleinwalsertal (Ortsteil Schwendle) aus über das Wildental ab der Fluchtalpe in Serpentinen durch Fels und Geröll in 3 Stunden, durch das Gemsteltal über die Hintere Gemstelhütte in 3,5 Stunden. Ein weiterer Aufstieg führt von Baad rund um den Widderstein zur Hütte.

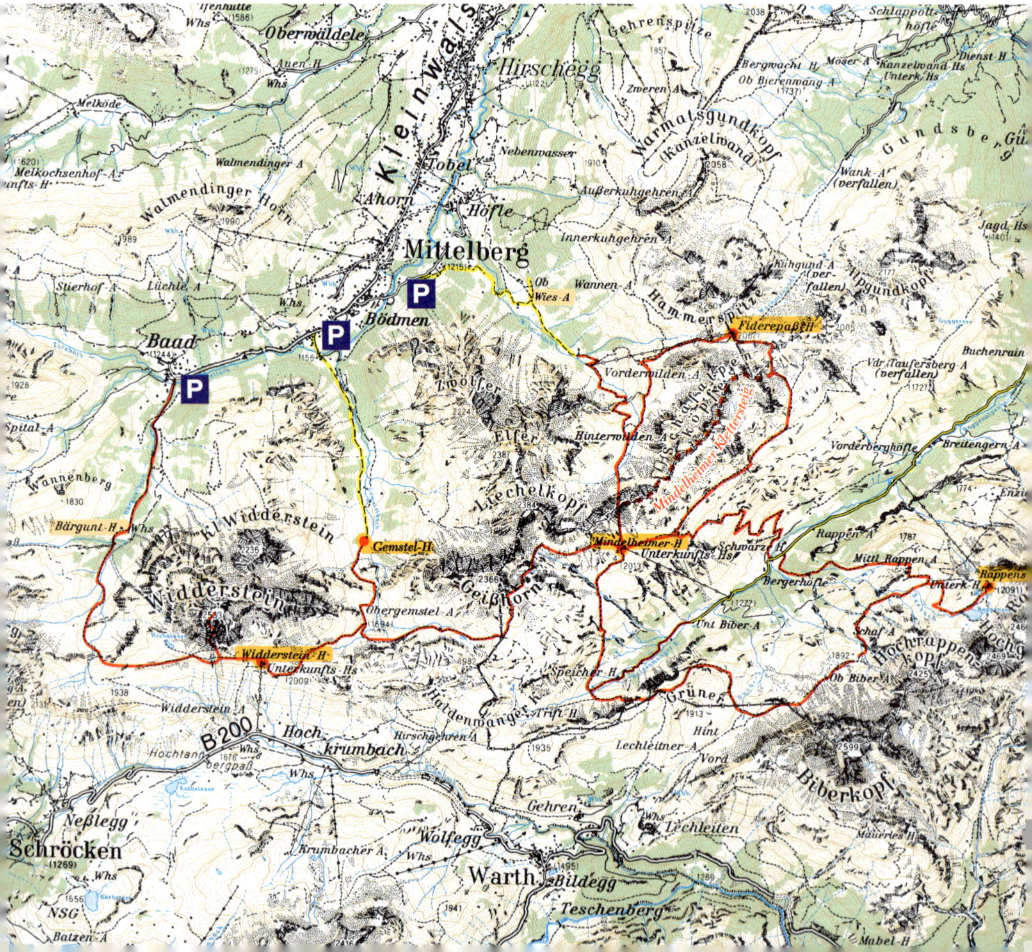

Die Mindelheimer Hütte ist ein Vorzeige-Objekt des Deutschen Alpenvereins.

Hütte: Alpine Bergsteigerunterkunft der DAV-Kategorie I. Wirtsleute sind Centa und Jochen Krupinski. Auf der Speisekarte stehen herzhafte Hausmannskost und vegetarische Gerichte.
Die Hütte ist ausgezeichnet als DAV-Modellprojekt mit Blockheizkraftwerk, Photovoltaik, Solar- und Biokläranlage. Die alte Hütte wurde ausgebaut zu Winterlager, Schulungsräumen und Trockenraum.
Neuer Klettergarten auf der Südseite der Hütte mit Touren vom II. bis VIII. Schwierigkeitsgrad. Klettergarten-Führer auf der Hütte erhältlich.
Geöffnet von Mitte Juni bis Mitte Oktober. Reservierung für Gruppen per Fax an 08378/7238.

Wege: Die Mindelheimer Hütte ist Etappenziel bei mehrtägigen Wanderungen durch die Allgäuer Alpen und Ausgangspunkt für Gipfeltouren.
Am häufigsten begangen wird der Mindelheimer Klettersteig über die Schafalpenköpfe zur Fiderepaß-Hütte. Der Klettersteig lässt sich umgehen über den Krumbacher Höhenweg. Von der Hütte führt ein anderer Weg über den Schrofenpass vorbei am südlichsten Punkt Deutschlands (Haldenwanger Eck) auf dem gleichen Höhenniveau zur Rappensee-Hütte oder hinab ins Lechtal. Gipfelziele in der näheren Umgebung sind das Kemptner Köpfle in 30 Minuten, der Angererkopf in 1 Stunde oder das Gaishorn in 1,5 Stunden.

Die 2013 Meter hoch gelegene Mindelheimer Hütte im Abendlicht. Im Hintergrund der Allgäuer Hauptkamm mit der Mädelegabel und der Trettachspitze. An der Hütte befindet sich auch eine Kachelmann-Wetterstation, die aktuelle Daten ins Tal liefert.

Tipp

Hüttenwirt Jochen Krupinski

Als lohnenswerte Unternehmungen kann ich zwei Gipfeltouren empfehlen, die ein Wochenende auf der Hütte zu einem Erlebnis werden lassen. Für Wanderer, die im alpinen Gelände und vor allem im Klettern nicht so geübt sind, ist das Walser Geißhorn ein Tipp. Der Gipfel ist in rund 1,5 Stunden auf einem einfachen Weg erreichbar. Sowohl unterwegs als auch im Gipfelbereich ist die Wahrscheinlichkeit groß, Steinböcke aus der Nähe zu sehen. Die beeindruckenden Tiere wurden nach dem Krieg im Walsertal wieder eingebürgert und haben sich seitdem prächtig vermehrt. Sie fühlen sich offenbar sehr wohl in der Umgebung der Mindelheimer Hütte. Wenn man sich vorsichtig nähert, lassen sie Wanderer bis auf ein paar Meter an sich heran und stellen sich mitunter als Fotomodell in Positur.

Die zweite Tour ist eher für erfahrene Alpinisten, für sie aber eine Genuss-Bergtour. Ein anspruchsvoller, nicht markierter Weg führt in einer guten Stunde hinauf auf den Liechelkopf. Dort hat man eine grandiose Aussicht ins Kleinwalsertal und hinaus ins Allgäu. Die Gipfelbesteigung lässt sich auch ausweiten zu einer rund sechsstündigen Tour. In nicht markiertem Gelände gelangt man auf den Elfer- und den Zwölferkopf, Von dort steigt man hinab ins Wildental und über die Scharte zurück zur Hütte. Diese Tour verlangt Schwindelfreiheit und alpine Erfahrung. Wer dies mitbringt, wird die Ruhe, das Gelände und die Aussicht genießen.

Tipp

Der Aufstieg zur oder der Abstieg von der Mindelheimer Hütte lässt sich als Tagestour gestalten, wenn man den Umweg über den Widderstein in Kauf nimmt. Der Weg führt vorbei an der Widderstein-Hütte. Eine Besteigung des Gipfels ist mit leichter Kletterei verbunden, aber eigentlich nicht schwierig. Zwischen Widderstein und dem Ortsteil Baad liegt die Bärgunt-Hütte. Zwischen den Parkplätzen in Baad und Bödmen verkehren Linienbusse.

Hintere Gemstelhütte 1320 m

Mittelberg (Kleinwalsertal)

Hütte: Wirt Markus Kessler. Küche: Brotzeiten und warme Küche. Keine Übernachtungsmöglichkeit. Kinderspielplatz bei der Hütte.
Wege: Aufstieg ab Bödmen (Parkplatz „Weiher") in rund 45 Minuten. Zum Widderstein-Gipfel in rund 3,5 Stunden.
Geöffnet: Von Pfingsten bis etwa Ende Oktober.

Widderstein-Hütte 2009 m

Warth (Vorarlberg)

Hütte: Wirt ist Christian Strolz aus Schröcken.
Küche: Brotzeiten und Abendmenü.
Panorama übers Lechtal bis zum Arlberg.
Wege: Aufstieg vom Walsertal (Parkplatz „Weiher" bei Bödmen) in gut 2,5 Stunden.
Geöffnet: Pfingsten bis Mitte Oktober.
Hütten-Funktelefon: 0043/664-3912524

Fiderepaß-Hütte

2067 m *Mittelberg/Oberstdorf, DAV-Sektion Oberstdorf*

Anfahrt: Über Oberstdorf ins Kleinwalsertal zur Kanzelwandbahn, nach Bödmen (Parkplatz „Weiher“) oder zum Ortsteil Schwendle. Oder von Oberstdorf zum Parkplatz bei der Fellhornbahn. Ab Bahnhof Oberstdorf verkehren auch Busse zu allen Ausgangspunkten.

Aufstieg: Aus dem Kleinwalsertal von der Kanzelwandbahn-Bergstation über die Kanzelwand in 2,5 Stunden, von Schwendle durchs Wildental in 3 Stunden. Von Oberstdorf über Warmatsgund (nahe Fellhornbahn-Talstation) in 3 Stunden, von der Fellhornbahn-Mittelstation in 2,5 Stunden.

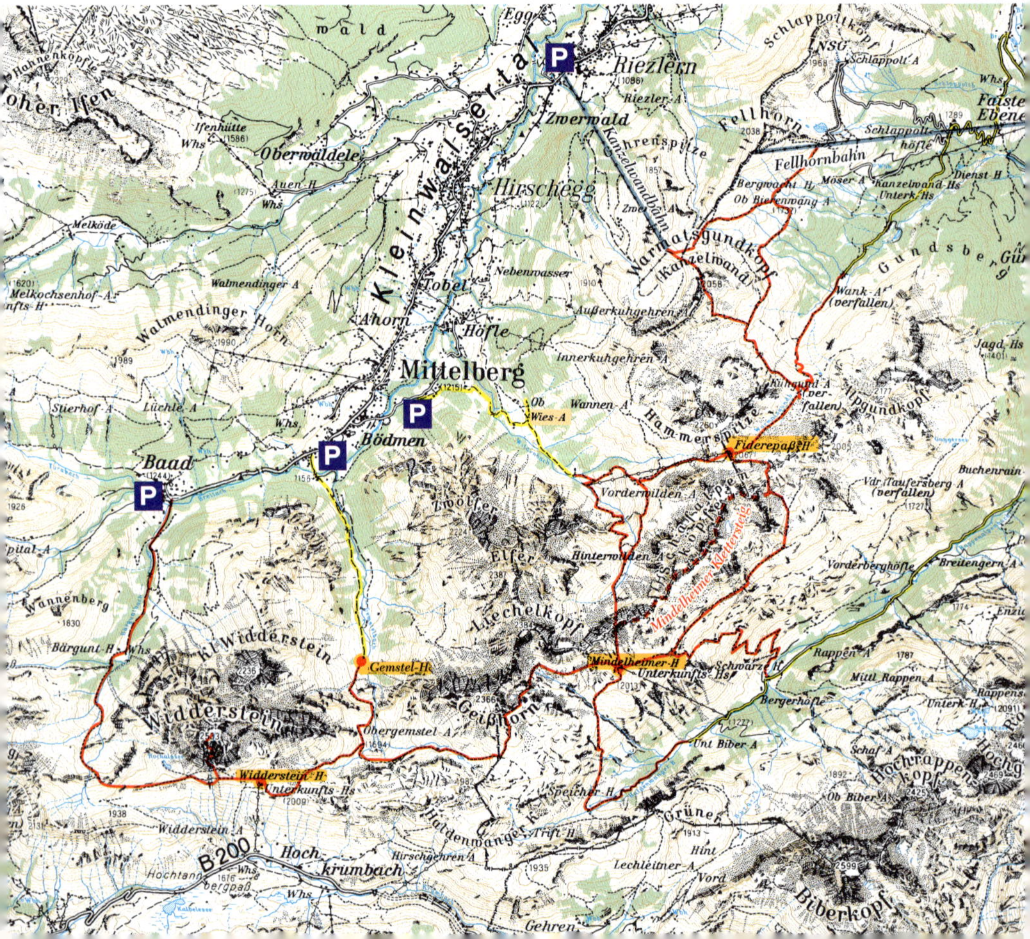

Die Fiderepaß-Hütte mit dem Schüsser (Hammerspitze) im Hintergrund. Die Hütte steht genau auf der Grenze zwischen Deutschland und Österreich.

Hütte: Alpine Bergsteigerunterkunft der DAV-Kategorie I. Wirte sind Dagmar und Hubert Kaufmann aus Mittelberg, die zehn Betten und 120 Lager anbieten können. Die Küche bietet gute Hausmannskost, unter anderem auch Kuchen aus dem eigenen Ofen.
Geöffnet von Ende Mai bis 15. Oktober.
Quartierbestellung: Fiderepaß-Hütte, Walserstraße 87 in 87569 Mittelberg.
Telefon: 0043/5517-5728, Fax 3157
E-Mail: *info@fiderepasshuette.de*
Internet: *www.fiderepasshuette.de*

Wege: Häufig begangen wird der Mindelheimer Klettersteig, dessen Einstieg am Nördlichen Schafalpenkopf in einer halben Stunde erreichbar ist. Bei einer Gesamtlänge von 3 bis 4 Stunden reiner Gehzeit sind auf dem Felsgrat 71 Drahtseile von insgesamt 750 Meter Länge, fünf Seilsicherungen, 184 Tritteisen und 121 U-Bügel im Gestein verankert. Eine Leiterbrücke ist von der Hütte aus zu sehen. Man kann den Klettersteig aber auch umgehen und auf dem Krumbacher Höhenweg zur Mindelheimer Hütte gelangen.

Die Fiderepaß-Hütte auf dem Sattel, der die Grenze bildet zwischen Oberstdorf und dem Kleinwalsertal. Links geht es hinauf zum Schüsser, rechts zum Mindelheimer Klettersteig.

Tipp

Hüttenwirt Hubert Kaufmann

1.) Für Spezialisten geeignet (teilweise III-er Gelände) ist die Tour auf den Schüsser (in Deutschland „Hammerspitze“), rüber zu Hochgehren und Hammerspitze (in Deutschland „Schüsser“) und weiter auf dem Grat zur Kanzelwand, von dort runter zum Adlerhorst und auf dem Wanderweg zur Inneren Kuhgehrenalpe, an der Wannenalpe vorbei zum Fiderepass. Dauer rund 5 Stunden.
2.) Von der Fiderepaß-Hütte Richtung Wildental. Auf halber Höhe des Zickzackweges Richtung Wannenalpe abbiegen, von dort zur Inneren Kuhgehrenalpe, dann nach kurzer Steigung über den Kuhgehrensattel zur Bergstation der Kanzelwandbahn und gemütlich um die Kanzelwand herum an der Talstation des Bierenwanglifts vorbei über den Krumbacher Höhenweg zur Kühgundalpe und hoch zum Pass. Dauer etwa 4 bis 5 Stunden.
3.) Hoch zur Fiderescharte, dann auf der anderen Seite wieder hinunter Richtung Krumbacher Höhenweg, auf halber Höhe Abzweigung zur Roßgundscharte nehmen, von dieser hinunter zur Kühgundalpe und wieder hoch zum Pass. Dauer 3 Stunden.
4.) Hoch zur Fiderescharte, auf der anderen Seite hinunter zum Krumbacher Höhenweg und mit Sicht auf den Alpenhauptkamm weiter zur Mindelheimer Hütte, von dort nach kurzem Anstieg über die Kemptner Scharte steil hinunter zur Hinterwildenalpe und dort zur Vorderwildenalpe abzweigen. Nach dieser privaten Hütte geht es am Hang entlang aufwärts zum Fiderepass. Dauer ungfähr 6 Stunden.
5.) Nach Aufstieg zur Fiderescharte dem Hinweisschild zum Klettersteig folgen, der über die drei Schafalpenköpfe und den Kemptner Kopf zur Mindelheimer Hütte führt. Von dort zurück über den Krumbacher Höhenweg und die Fiderescharte. Dauer rund 7 Stunden.

Untere Wiesalpe 1290 m

Mittelberg (Kleinwalsertal-Wildental)

Hütte: Wirtin Christiane Köll. Küche: Brotzeiten aus eigener Metzgerei und hausgemachte Kuchen. Besonderheit: Bauernstube aus dem Jahre 1326. Kein Nachtlager.
Wege: Aufstieg ab Mittelberg oder Bödmen (Parkplatz „Weiher“) rund 45 Minuten, ab Ortsteil Schwendle 30 Minuten.
Geöffnet: Anfang Juni bis Ende September, Sonntags Ruhetag.
Hütten-Funktelefon: 0043/676-3069668

Innere Wiesalpe 1298 m

Mittelberg (Kleinwalsertal-Wildental)

Hütte: Besitzer und Wirt Familie Köll. Küche: Käse und Wurstspezialitäten vom eigenen Hof und eigene Alpsennerei. Kein Nachtlager.
Wege: Ab Mittelberg-Bödmen rund 45 Minuten (siehe oben).
Geöffnet: Himmelfahrt bis Oktober und Weihnachten bis Ostern.
Telefon: 0043/650-7497196
Internet: *www.wiesalpe.de*

Fluchtalpe 1390 m

Mittelberg (Kleinwalsertal)

Hütte: Von Pächter Josef Eggel bewirtschaftete, 400 Jahre alte Alphütte. Küche: warme Speisen und Brotzeiten. Spezialität Kaiserschmarrn. Keine Nachtlager.
Wege: Aufstieg ab Mittelberg 1 Stunde.
Geöffnet: Mai bis Ende Oktober. Infos im Internet: *www.fluchtalpe.de*

Staufner Haus

1613 m *Oberstaufen-Steibis, DAV-Sektion Oberstaufen-Lindenberg*

Anfahrt: Auf der Alpenstraße über Oberstaufen nach Steibis zur Talstation der Hochgratbahn. Die Hütte liegt knapp unterhalb der Bergstation. Vom Bahnhof Oberstaufen aus verkehren Linienbusse.

Aufstieg: Von Oberstaufen-Steibis aus mit der Hochgratbahn oder über Blaichach-Gunzesried (Parkplatz) weiter zur Scheidwang-Alpe (bis dahin mit dem Fahrrad möglich) und von dort über den Hochgrat zur Hütte.

Gemütliche Gaststube mit Kachelofen.

Frontansicht des Staufner Hauses. Hinter der Hütte ein Panoramablick bis in die Schweiz.

Hütte: Wirtsleute sind Ingrid Bietsch und Michel Rasch. Sie können 70 Lager und zehn Betten anbieten. Die Küche ist gutbürgerlich. Geöffnet 1. Mai bis 31. Oktober täglich, im Winter ab Weihnachten nur am Wochenende und während der Woche auf Anfrage.

Wege: Über Falken und Hoher Häderich zurück zur Talstation in 3,5 Stunden. Anstrengend, aber schön ist die Tagestour (6 bis 8 Stunden) über die Nagelfluhkette nach Immenstadt. Der Weg über die Alpe Gund ist nicht schwierig. Vom Bahnhof Immenstadt zurück mit dem Zug nach Oberstaufen.

Alpe Gund 1480 m

Immenstadt

Hütte: Wirtin Monika Thoma. 10 Lager, 10 Betten in 4 Zimmern. Küche: Suppen, Schupfnudeln, Schweinebraten, Kässpatzen.
Wege: Über Almagmach oder Mittagberg 2 Stunden. Gipfel: Stuiben 30 Minuten, Hochgrat rund 4,5 Stunden.
Geöffnet: Donnerstag und Sonntag keine Übernachtung. Im Winter Samstag/Sonntag bewirtschaftet. **Telefon:** 08323/4921
Internet: *www.alpe-gund.de*

Mahdtal-Haus

1100 m *Riezlern-Innerschwende (Kleinwalsertal), DAV-Sektion Stuttgart*

Anfahrt: Ins Kleinwalsertal und vor Riezlern nach Innerschwende. Parkplatz vor dem Haus. Busverbindung von Riezlern.

Hütte: DAV-Kategorie II. Wirtsleute Renate und Reiner Gans. 16 Betten und 18 Lager. Selbstversorgerhütte. Frühstück möglich. Jausenstation
Geöffnet: 20. Dezember bis 31. Oktober.
Quartierbestellung: Mahdtal-Haus, Innerschwende 39, 87567 Riezlern.
Telefon 0043/5517-6423, Fax 64234

Wege: Ausgangspunkt für Touren ins Mahdtal, zu Gottesackerplateau und Hoher Ifen. Abstieg vom Gottesackerplateau durch Kürenwald und Kesselschwand zum Mahdtal-Haus.
Rundkurs vom Mahdtal-Haus über den Ifen zur Schwarzwasser-Hütte und zurück zur Auenhütte an der Talstation der Ifen-Bergbahn (Bushaltestelle).

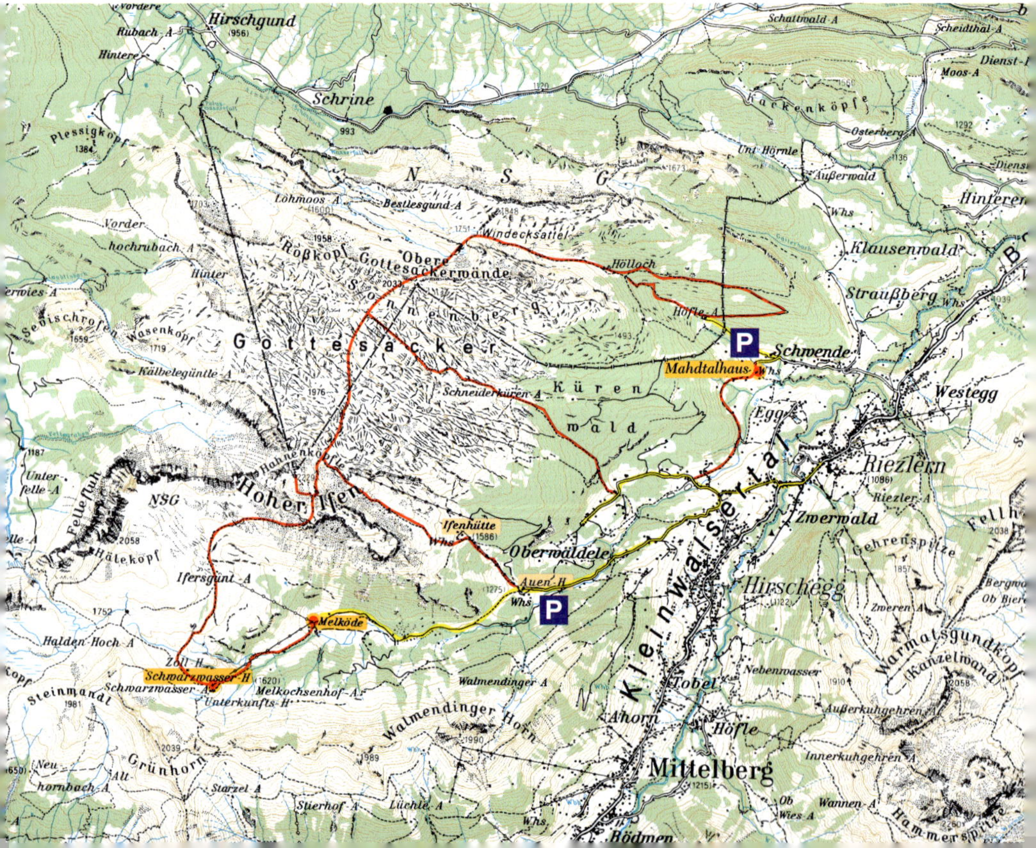

Das Mahdtal-Haus der Sektion Stuttgart ist mit dem Auto erreichbar.

Melköde 1352 m

Hirschegg (Kleinwalsertal)

Hütte: Bewirtschaftete Alpsennerei. Küche: Brotzeiten und Käse aus eigener Herstellung. Kein Nachtlager.
Wege: Ab Auenhütte 45 Minuten, bis zur Schwarzwasser-Hütte gut 1 Stunde.
Geöffnet: Mitte Mai bis Ende Oktober.

Schwarzwasser-Hütte 1620 m

Hirschegg (Kleinwalsertal)
DAV-Sektion Schwaben

Hütte: Wirt Peter Zwischenbrugger, deftige Küche. 43 Lager und 47 Betten. Aufstieg ab Auenhütte, der Talstation der Ifen-Bergbahn, rund zwei Stunden.
Geöffnet: Von Pfingsten bis Mitte/Ende Oktober und von Weihnachten bis Ostern. Quartierbestellung unter
Telefon: 0043/5517-30210, Fax -30230

Säuling-Haus

1720 m *Pflach (Tirol), Naturfreundehaus*

Anfahrt: Über Füssen in Richtung Reutte. Zwischen der Grenze und Reutte liegt die Ortschaft Pflach. Von hier auf der Überführung die Ortsumfahrung Reutte queren und zum Parkplatz Säuling-Haus. Das Säuling-Haus ist auch von deutscher Seite aus erreichbar. Parkplatz in Hohenschwangau (gebührenpflichtig) unterhalb der Königsschlösser.

Aufstieg: Ab Parkplatz Pflach in 1,5 bis 2 Stunden. Ab Parkplatz Hohenschwangau 2,5 bis 3 Stunden. Der lohnenswerte Umweg über die Bleckenau nimmt rund 3 bis 4 Stunden Zeit in Anspruch.

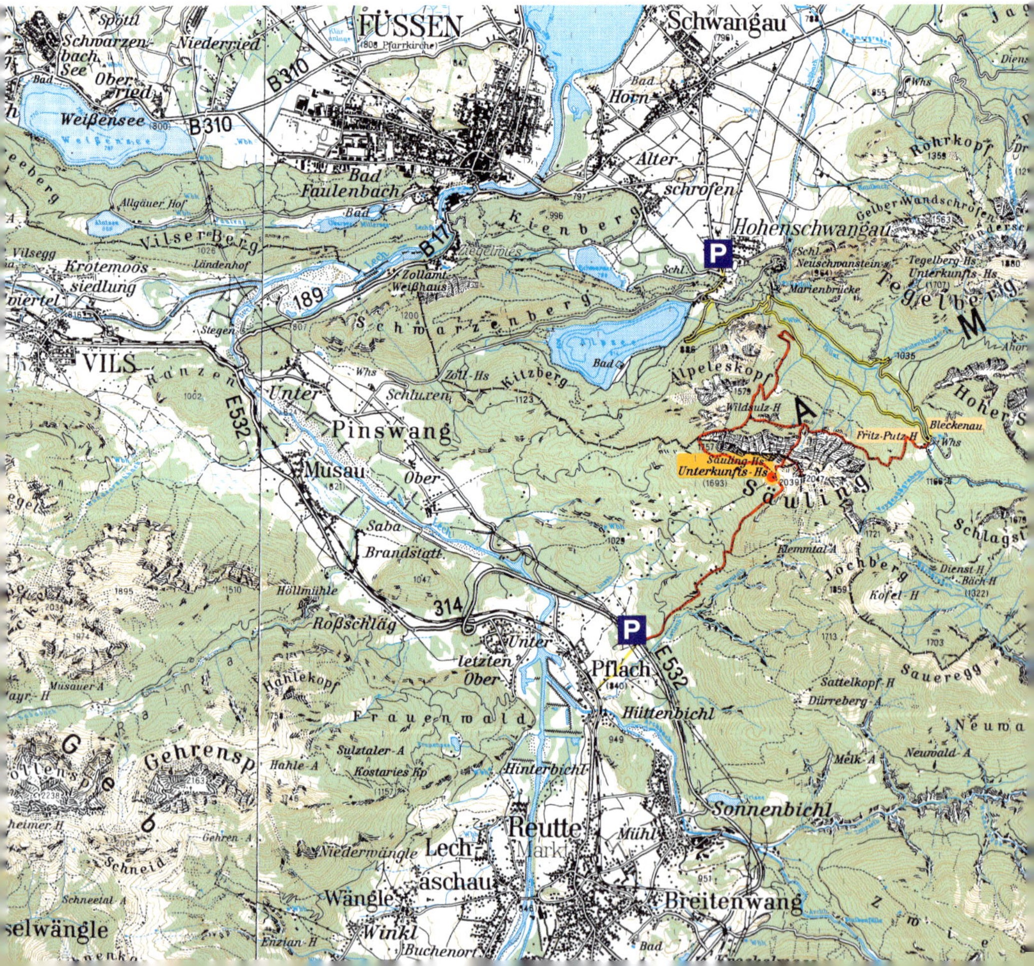

Das Säuling-Haus unterhalb des Säuling-Gipfels ist eine Hütte der Naturfreunde.

Hütte: Wirt Josef Rieger. Das dem Verein der Naturfreunde gehörende Haus verfügt über 30 Betten und 40 Lager. Die Küche bietet Hausmannskost und Tiroler Spezialitäten.
Geöffnet von Ostern bis Mitte Mai nur am Wochenende. Von Mitte Mai bis Ende Oktober täglich.
Hütten-Telefon 0043/664-2524415

Wege: Vom Säuling-Haus bis zum Gipfel des Säulings in etwa 1 Stunde. Beim Aufstieg von Hohenschwangau aus empfiehlt sich ein Rundkurs: Aufstieg über die Wildsulzhütte, dann entweder direkt über den Gipfel oder als Umschreitung zur Hütte. Zurück über Fritz-Putz-Hütte und Bleckenau. Die Runde lässt sich auch in umgekehrter Richtung begehen.

Die Allgäu-Durchquerung

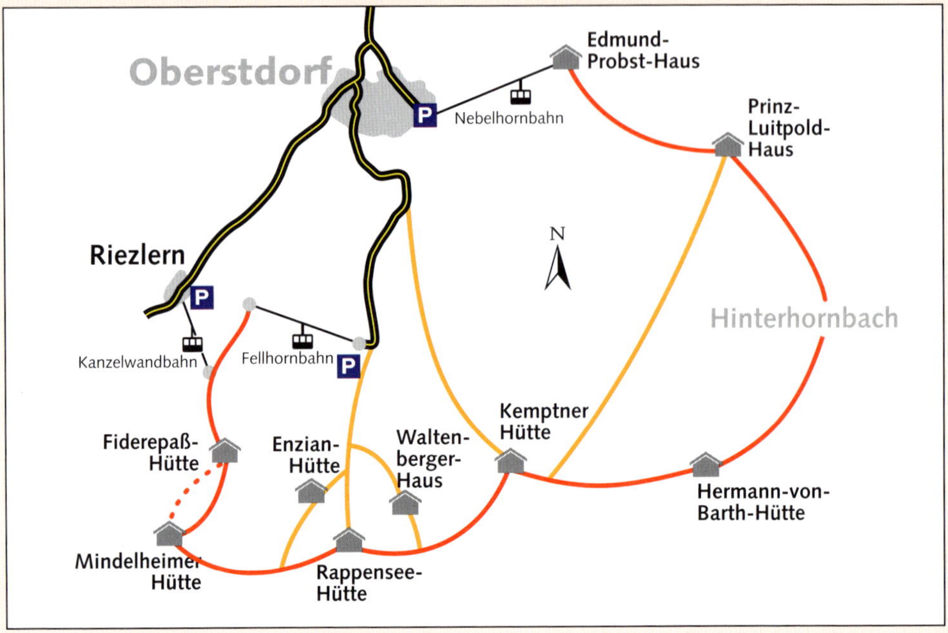

Jedes einzelne Hüttenziel in den Allgäuer Alpen ist eine Tagestour wert. Die Krönung jedoch ist eine Allgäu-Durchquerung von Hütte zu Hütte in sieben Tagen. Es gibt verschiedene Varianten und mehrere Möglichkeiten, diese Route (=rot) abzukürzen (= orange). Bergführer empfehlen:

▶ **1. Tag:** Von Oberstdorf Auffahrt mit der Fellhornbahn, Mittagsrast auf der Fiderepaß-Hütte, Mindelheimer Klettersteig oder Krumbacher Höhenweg zur Mindelheimer Hütte (Gehzeit 6 bis 8 Std.). Übernachtung.

▶ **2. Tag:** Über das Haldenwanger Eck und den Schrofenpass zur Rappensee-Hütte (4 bis 5 Std.). Nachmittags Rast am Rappensee oder Gipfeltour. Übernachtung.

▶ **3. Tag:** Heilbronner Weg zur Kemptner Hütte (ca. 7 Std.). Übernachtung.

▶ **4. Tag:** Großer Krottenkopf, höchster Berg der Allgäuer Alpen, und weiter zur Hermann-von-Barth-Hütte (4 bis 6 Std.). Übernachtung.

▶ **5. Tag:** Auf dem Enzensperger Weg nach Hinterhornbach im Lechtal (ca. 6 Std.). Übernachtung im Tal.

▶ **6. Tag:** Über den Hochvogel zum Prinz-Luitpold-Haus (ca. 6 Std.). Übernachtung.

▶ **7. Tag:** Über das Laufbacher Eck zum Nebelhorn (ca. 5 Std.). Abfahrt mit der Bahn nach Oberstdorf.

Wer sich diese lange Tour nicht zutraut oder nicht alleine gehen möchte, findet Anschluss bei den zehn Allgäuer Bergschulen.

- **Alpinschule Oberstdorf,** Postfach 1405, 87554 Oberstdorf, Tel. 08322/95322, Fax 08322/8826
- **Bergschule Randonée,** Kirchplatz 5, 88171 Weiler im Allgäu, Tel. 08387/99030 u. 99031
- **ALPIN TEAM international,** Westerhofen 2, 87527 Ofterschwang, Tel. 08321/87138, Fax 08321/87161
- **Bergschule VIPS,** Burgfrieden 36, 87600 Kaufbeuren, Tel. 08341/82388, Fax 08341/100461
- **Bergerlebnis Toni Freudig,** Mühlenbichlweg 5, 87459 Pfronten, Tel. und Fax 08363/5364
- **Bergschule Oberallgäu,** Edelweißstraße 5, 87545 Burgberg, Tel. 08321/4953, Fax 08321/81956
- **OASE alpin,** Postfach 1453, 87554 Oberstdorf, Tel. 08384/1211, Fax 08384/1221
- **Bergschule Ostallgäu,** Weidachstraße 54, 87629 Füssen, Tel. und Fax: 08362/6464
- **Bergschule Kleinwalsertal,** Bödmer Straße, 87569 Mittelberg-Bödmen, Tel. 08329/5860, Fax 65697
- **Hindelanger Bergführerbüro,** Kühgasse 3, 87541 Hindelang, Tel. 08324/953650, Fax 952153

Ausrüstung für mehrtägige Bergtouren

Tagsüber

Rucksack
Dem Rücken gut anliegend, etwa 35 bis 45 Liter fassend, mit gepolsterten Hüfttrageriemen; zudem eine Regenhülle

Bergschuhe
Knöchelhohe, feste Bergschuhe mit guter Profilgummisohle

Strümpfe
Am besten Funktionssocken mit gepolstertem Fußteil

Unterwäsche
Funktionswäsche aus Kunstfaser, die den Schweiß weiterleitet, oder aus Schurwolle

Berghose
Lange Trekkinghose mit genügend Bewegungsfreiheit, aus leichtem Stretch- oder Funktionsmaterial

Pullover
aus Fleecematerial (oder Jacke/ Weste, eventuell mit Windstopper)

Regenschutz
Anorak und Hose aus Gore Tex bzw. ähnlichem Material oder ein Regenponcho (eventuell auch leichten Bergsteiger-Schirm mitnehmen, weil man darunter weniger schwitzt)

Mütze und Handschuhe
Falls es einmal kalt wird

Trinkflasche
Aus Kunststoff oder Alu (mit Isolierbeutel oder Thermosflasche)

Sonnenbrille
Mindestens 98% UV-Strahlen-Absorbierung

Sonnencreme
Ab Schutzfaktor 10 und Lippenschutz

Sonnenhut oder Schildmütze

Verpflegung
Für zwischendurch Dörrobst, Müsliriegel, Fruchtschnitten oder Schokolade

Getränke
Teebeutel, Getränkepulver,
bewährt haben sich Elektrolytgetränke
in Tablettenform

Personalausweis
Bei vielen Touren überquert man Staatsgrenzen

Für die Hütte

Leichte Bekleidung
Leichte Hose und Oberteil,
Hüttenschuhe oder leichte
Turnschuhe

Hüttenschlafsack
Aus leichtem Leinen oder Seide

Oropax
Für evtl. zu laute Mitschläfer

Waschzeug
Proben verwenden

Taschenlampe
Möglichst klein und leicht

Erinnerungen ungetrübt genießen

Einer Bergtour lassen sich viele schöne Seiten abgewinnen. Für manche ist der Moment am Gipfel der schönste. „Das Schönste am Alpinismus ist der Durst", pflegte ein ehemaliger Vorsitzender des Deutschen Alpenvereins zu bekennen, wenn man sich auf einer Hütte traf. Zu den schönen Seiten des Bergsteigens gehört aber an allererster Stelle, wohlbehalten ins Tal zurückzukehren und die Erinnerungen ungetrübt zu genießen. Deshalb sollte die Sicherheit im Gebirge nie außer Acht gelassen werden. Die folgenden Hinweise auf Risiken und Gefahren sollen beileibe nicht abschrecken, sondern nur zur Vorsicht mahnen. Es ist ein guter Ratschlag, der Natur im Gebirge mit Respekt und auch mit Ehrfurcht zu begegnen.

Wetterwechsel birgt Gefahren

Die größte Unwägsamkeit in den Bergen ist das Wetter. Selbst wenn über ganz Mitteleuropa eine stabile Hochdruckzone liegt, herrscht in den Alpen ein Mikroklima, das sich urplötzlich mit Hagel, Blitz und Donner bemerkbar machen kann. Aus völlig heiterem Himmel selten, aber bei wechselhaftem Wetter durchaus nicht ungewöhnlich ist Schneefall mitten im Sommer. Zur oft zitierten „alpinen Erfahrung" gehört deshalb vor allem die Einschätzung der lokalen Wetterlage.

Bei schlechtem Wetter sind die Alpen mit besonderer Vorsicht zu genießen. Im extremen Fall wäre sogar zum Abbruch der Tour zu raten oder dazu, den Schlechtwettereinbruch auf einer Hütte auszusitzen. Wo diese Grenze liegt, muss jeder für sich selbst entscheiden. Deutlich überschritten ist sie bei erheblichem Neuschnee mit großen Orientierungsproblemen und einer erheblichen Lawinengefahr.

Auch Regen verändert die Begehbarkeit der Wege im Hochgebirge. Selbst auf breiten, ausgetretenen Pfaden werden die Steine glitschig, die Rutschgefahr steigt. Das mag in einem Stadtpark nicht sonderlich riskant sein, wohl aber im Gebirge. Selbst wenn der Ausrutscher keinen Absturz, sondern nur eine Knöchelverletzung zur Folge hat, bedeutet dies, auf Hilfe angewiesen zu sein, die Bergrettung rufen zu müssen, mit all den Konsequenzen, die solch ein Einsatz mit sich bringt.

Gewitter sind im Gebirge weitaus gefährlicher als im Flachland. Wer schon einmal an einem Gipfelkreuz gestanden ist und erlebt hat, wie als Folge der Aufladung in der Luft den umstehenden Menschen die Haare senkrecht zu Berge stehen und knistern, der weiß, wie das gemeint ist. Alle Metallgegenstände, ob Sicherungsseile, Ausrüstung oder Gipfelkreuze, ziehen Blitze an. Auch Wasserläufe sollte man meiden und nicht die Nähe von Bäumen suchen. Blitze suchen sich den kürzesten Weg zur Entladung. Deshalb bieten sich Mulden und Überhänge als Schutz an.

Umkehren ist keine Schande

Schneefall ist im Hochgebirge deshalb so tückisch, weil er innerhalb kürzester Zeit die Orientierung erschwert und Lawinengefahr herauf beschwört, von der Kälte und den Folgen für den Körper ganz abgesehen. Im Notfall ist dringend zu raten, auf den eigenen Spuren umzukehren, statt sich in unwegsames Gelände zu verlaufen und einen Absturz zu riskieren.
Eine Umkehr ist unter solchen Umständen kein Zeichen von Schwäche, sondern von bergsteigerischer Vernunft. Um solche kritischen Situationen zu vermeiden, ist es ratsam, den lokalen Wetterbericht zu verfolgen und den Ratschlägen der Hüttenwirte zu folgen.

Mit Kindern in den Bergen

„Mit Kindern auf Hütten – ein außergewöhnliches Familienabenteuer“ ist der Titel einer Broschüre, die der Alpenverein herausgegeben hat. Mit freundlicher Genehmigung des DAV veröffentlichen wir einen Auszug:

Kinder brauchen weder „Gipfelsieg“ noch „Bergkameradschaft“. Kinder suchen spannende Abenteuer und Geheimnisvolles in den Bergen. Hinter jedem Stein lauern Fabelwesen, und kein Bach ist zu mächtig, um ihn nicht mit einem Staudamm zur Umkehr zwingen zu können.
Die körperliche Entwicklung von Kindern erlaubt ihre Mitnahme auf kurze Wanderungen in Tragetüchern und Kraxen bereits ab dem Zeitpunkt, ab dem sie stabil sitzen können, also etwa ab dem 1. Geburtstag. Solche Wanderungen sollten jedoch nicht länger als 2 bis 3 Stunden dauern und immer wieder durch Pausen aufgelockert werden, denn Kinder, die getragen werden, müssen sich durch „Bewegung“ erholen. Kinder, die selbst gehen, sollten nicht überfordert werden – zum Beispiel durch einen schweren Rucksack. Als Faustregel gilt: Rucksack nicht schwerer als zehn Prozent des Körpergewichts.
Auch die für Kinder typische Schnelligkeit und Gelenkigkeit kann durch zu hohe Beanspruchung eingeschränkt werden und zu rascher Ermüdung führen. Sie erholen sich jedoch bald auf spielerische Weise. Kinder haben durchaus genügend Kraft für kurzzeitige Anstrengungen wie beim Klettern. Ihnen fehlt jedoch Ausdauer, die sich erst im Laufe der Zeit mit zunehmendem Alter und geistiger Reife einstellt und meist auch von einer entsprechenden Motivation gespeist wird.
Ängste sollten besonders bei kleineren Kindern ernst genommen werden. Reiche Phantasie und außergewöhnliche Erlebnisse zeigen oft heftige Wirkungen, die sich in Blässe, Frieren oder in veränderter Stimmlage ausdrücken können. Körperlicher Kontakt und an die Hand nehmen helfen meist sehr rasch. Auf Dauer sollten ängstigende Elemente jedoch vermieden werden.

Wer mit Kindern aufbricht, sollte sich bereits bei der Planung genügend Zeit nehmen. Ideen und Wünsche der Kinder kön-

nen dabei einfließen und berücksichtigt werden. Den Erwachsenen fällt die Aufgabe zu, daraus eine richtige Tourenplanung zu entwickeln. Motivierend ist es, die Unternehmung unter ein Motto wie etwa „Forschertour zur Quelle“ oder „Expedition ins Tierreich“ zu stellen. Geländekenntnis, gute Karten und Führer sowie zusätzliche Informationen helfen, später im Gelände keine unliebsamen Überraschungen zu erleben und zum Beispiel auf einem Karstplateau kein Wasser anzutreffen.
Eine gute Tourengliederung hilft, die eigenen Kräfte und die der Kinder besser einzuteilen. Auch Rastplätze und attraktive Wegabschnitte sollten voher bekannt gegeben werden; sie steigern die Erwartungen und die Vorfreude.

Die Planung sollte jedoch flexibel sein und jederzeit Verlängerungen und Verkürzungen ermöglichen – je nach Lust und Laune, Witterung und Kondition.
Ruhepausen werden am besten an möglichst ungefährlichen Rastplätzen eingelegt. Kinder wollen nach kurzer Zeit spielen und sich bewegen – auch das sind für sie Erholungsphasen. Sonstige Spiele brauchen oft viel Zeit und ein abwechslungsreiches, sicheres Gelände. Es schadet auch nicht, Spielideen parat zu haben.
Die Länge der Tour sollte im Kindergartenalter 3 bis 4 Stunden Gehzeit nicht überschreiten. Schulkinder sind bereits zu Tagestouren in der Lage, wenn die nötigen Ruhephasen eingehalten werden und sie motiviert genug sind.
Bitte beachten Sie: Die Zeitangaben in dieser Broschüre entsprechen der so genannten Führerzeit; sie entspricht der Normalgehzeit für Erwachsene. Damit haben Sie eine Grundlage für Ihre Kalkulation, die auf Erfahrungswerten für durchschnittliche Bergwanderer beruht. Sind Sie mit kleineren Kindern unterwegs, so müssen Sie mindestens den eineinhalbfachen Wert zugrunde legen. Normalgehzeit für Erwachsene mal 1,5 = ungefähre Gehzeit mit Kindern. Mit Kindern kann nicht nur bei freundlichem Wetter etwas unternommen werden. Regen oder Schneefall stellen aber weit höhere Anforderungen an Ausrüstung und Kraft. Durchnässung führt leicht zu Unterkühlung und bei Gewitter ist neben der objektiven Gefahr auf Ängste zu achten, die Blitz und Donner hervorrufen können.
Besonders wichtig ist, dass Kinder nicht frieren, ihre Kleidung trocken ist und sie bei Ängstlichkeit an die Hand genommen werden. Rechtzeitiges Erreichen einer Hütte ist dabei jedoch immer die bessere Variante. Die beste Ausrüstung darf nicht überschätzt werden und dem Benutzer eine trügerische Sicherheit vermitteln. Letztlich kommt es auf alpine Erfahrung und sachgerechten Einsatz der Ausrüstung an.

Neben der normalen Bergwanderausrüstung sollten Sie bei Touren mit Kindern folgende Tipps beachten:

- Die Schuhe der Kinder sollten den Knöchel stützen und eine rutschfeste Sohle haben. Für Kinder, die überwiegend selbst laufen, empfehlen sich bereits Kinderbergstiefel.
- Der Rucksack der Eltern sollte groß genug sein (etwa 45 bis 60 Liter), um auch das Gepäck der Kinder mit aufnehmen zu können. Von außen zugängliche Taschen erleichtern das rasche Auffinden kleinerer Gegenstände.
- In den Rucksack gehören auch für die Kinder immer Regen-, Sonnen- und Kälteschutz.
- Behälter für den Tourenproviant sowie Trinkflaschen für jede Person (1 Liter) gehören zur Standardausrüstung.
- Notproviant wie Nüsse, Trockenobst und Müsliriegel sollten Sie stets dabei haben.
- Taschenmesser, Rucksack-Apotheke und Rettungsfolie nehmen nicht viel Platz ein und sind praktische Begleiter nicht nur für den Notfall.
- Ausrüstung für Kinder gehört in den Rucksack der Erwachsenen. Kuscheltiere, Spielzeug und was sonst noch unbedingt mitgenommen wird, sollten Kinder im eigenen kleinen Rucksack tragen.
- Ersatzwäsche für Kinder und besonders Reservesocken für feuchte Abenteuer werden häufig benötigt.
- Bequeme Kleidung, die ruhig schmutzig werden darf, und zum Wechseln ein Jogginganzug, der auch auf der Hütte gute Dienste leistet, sollten selbstverständlich sein.
- Stabile Teleskopstöcke fördern ein sicheres Gehen, erleichtern das Tragen der Kraxe oder eines schweren Rucksacks.

Trinken und Essen

Während einer Tour benötigen Kinder gut die doppelte Menge Flüssigkeit als unter normalen Bedingungen. Für eine dreistündige Wanderung sollte man etwa einen Liter pro Kind einplanen – am besten Früchtetee oder verdünnten Saft. Auch beim Essen sollte man die Vorlieben der Kinder berücksichtigen. Obst, Nüsse, Fruchtschnitten, Müsliriegel oder ein Stück Brot, Wurst oder Käse sind für den Rucksack gut geeignet. Spezielle Kindernahrung muss man auf die Hütte selbst mitnehmen, während die Wünsche etwas älterer Kinder durch die Speisekarte abgedeckt werden.
Wer den Tatendrang von Kindern kennt, wird die Konflikte mit dem Sicherheitsbedürfnis von Eltern, Betreuern und Betreuerinnen rasch erkennen. Die Kunst der Tourenplanung und -durchführung liegt also darin, die unterschiedlichen Interessen so auszugleichen, dass es auf der einen Seite spannende Unternehmungen sind, die Kindern Spaß machen und Erlebnisse bieten, die aber auch dem jeweiligen Sicherheitsbedürfnis genügen und das Risiko so klein wie möglich halten.

Zukunft schützen
DAV
Deutscher Alpenverein e. V.

Hütten am Berg im Wandel der Zeit

Dr. Erich Knoll

„Hier ist gut sein, hier wollen wir drei Hütten bauen ...“ Wenn auch sicher nur unbewusst, folgten unsere Altvorderen diesem Bibelwort, als sie am 9. Mai 1869 in München den Deutschen Alpenverein aus der Taufe hoben und ihm gleich zur Pflicht machten, durch den Bau von Hütten am Berg „... die Bereisung der Alpen zu erleichtern ...“. An die biblische Dreizahl freilich hielt man sich nicht; ihrer sehr viele wurden es nach und nach, und nicht nur der Alpenverein baute sie.
Speis und Trank bei der Einkehr unterwegs und ein Nachtlager vor der weiteren Tour anderntags sollten die neuen „Schutzhäuser“ dem Bergfreund bieten. Auf beides musste Hermann von Barth noch schmerzlich verzichten, als er am 19. Juli des Gründungsjahres seine erste Tour auf den Hochvogel wie folgt unternahm: Spät erst nach gemütlichem Frühstück war er von Sonthofen abmarschiert. In Hinterstein machte er um 12 Uhr kurz Mittag. Weiter ging´s ins hintere Ostrachtal und hinauf zur Oberen Berggündele-Alp. Vergebens indes hatte er gehofft, dort ein wenig Milch zu erwerben: Die Frühmilch war verkäst, und das abendliche Melken durfte er nicht abwarten, wollte er noch bei Tageslicht oben sein.
„Unter Verzicht auf Restauration“, wie er schreibt, setzte von Barth seinen Aufstieg fort, vorbei an der Stelle, wo 12 Jahre später das Prinz-Luitpold-Haus gebaut wurde, stand um 17 Uhr auf der Balkenscharte und erreichte schließlich, kurz ehe die Sonne hinter dem Säntis verschwand, den Gipfel. Dort musste er seinen „Proviantvorrat gewissenhaft zwischen heute und morgen teilen“, bevor er sich zum kalten Gipfelbiwak niederließ. Zehn Stunden ab Sonthofen hierher hatte er gebraucht. Windig war´s und der Ärmste fror, wie er selber einräumt, ganz jämmerlich. Dringend erwartet, kam hinter der Roten Flüh im Nordosten die Sonne wieder herauf. In Hinterhornbach, wohin er südseitig abgestiegen war, gab´s nur eine Mehlsuppe und Rotwein. Also weiter – gut 2 Stunden noch – hinaus ins Lechtal. Bis Weissenbach wollte von Barth an diesem Tag noch marschieren. Aber dann war die Natur doch stärker: Zum Umfallen müde verkroch sich der Tapfere in einen Heustadel zu tiefem, langem Schlaf. Also am Ende doch noch eine Schutzhütte, wenn auch noch nicht hierfür vorherbestimmt.

Hölzerner Pavillon auf dem Stuiben

Aber bald und stürmisch ging´s jetzt los mit dem Hüttenbau im Gebirge. Den Anfang machte 1872 – als älteste AV-Hütte im deutschen Teil der Alpen – ein hölzerner Pavillon auf dem Stuiben bei Immenstadt. Für 961 Gulden gebaut, war er mehr als Wetterschutz für die Gipfelrast untertags gedacht, denn als Stützpunkt zum Übernachten. Nur selten wirklich gebraucht, verfiel die Unterstandshütte schon nach knapp 40 Jahren und wurde 1913 niedergebrannt, ein damals noch wenig anstößiges Verfahren des „Rückbaus“.
Echte Unterkunftshütten entstanden jetzt am Allgäuer Hauptkamm in rascher Folge: Waltenberger-Haus 1875, Prinz-Luitpold-Haus 1881, Rappensee-Hütte 1885 und Kemptner Hütte 1891. Kleine Holzhäuschen waren es anfangs. Aber dann folgte,

als immer mehr Menschen ins Gebirge kamen, ein Erweiterungsbau dem anderen, und es stehen jetzt stattliche Bauten dort. Ein Beispiel nur: Mit einer hölzernen Pritsche für 5 Seegrasmatratzen und einem kleinen Heulager unterm Dach hatte die Rappensee-Hütte begonnen. Ganze 34 Übernachtungen waren es 1887. Heute ist sie mit mehr als 300 regulären Lagern (samt reichlich Platz für Notlager) als größte DAV-Hütte überhaupt in guten Sommern rund 12 000 Bergfreunden der Schlafplatz. Feine Herrschaften zumeist waren es, die in den Gründerjahren – und noch bis zum Ersten Weltkrieg – zur Hütte heraufkamen. Denn nur wenige Edle und/oder Betuchte hatten damals die Zeit und das Geld, überhaupt ins Gebirge zu gehen. Ihnen musste – bei mühsamer Versorgung durch Träger und Tragtier – etwas geboten werden. Und so lesen wir etwa auf der kunstvoll gedruckten Speisekarte der Kemptner Hütte aus dem Jahre 1905 unter den Angeboten des Hauses: 1 Paar Bergstiefel reinigen 5 Pfennig. Ich rate keinem Bergfreund, einem Hüttenwirt unserer Tage mit vergleichbarem Ansinnen gegenüberzutreten. Er flöge – von des Wirtes Fußtritt beschleunigt – in hohem Bogen den Abhang hinunter, sein Rucksack hinterher.

Hosen für Damen verpöhnt

Steif in wilhelminischer Ordnung verliefen die ersten Jahrzehnte unserer Hütten am Berg. Zuchtvoll war die Kleidung, wohlerzogen der Benimm. Die Moral – auf Textilfragen vereinfacht – hatte hohen Stellenwert. Der knöchellange Rock der Dame war Selbstverständlichkeit und striktes Gebot. Hosen, egal wie lang, hätten wildeste Entrüstung ausgelöst, vielleicht sogar Erdbeben und Steinschlag. Der sittenlosen Stadt entronnen, wollte man wenigstens hier oben am Berg makellos wandeln. Wer denkt da nicht an Ludwig Thoma, der just um diese Zeit seinen Josef Filser den Satz schreiben ließ: „... Auf dem Land ist die Moral noch eine erhebliche, wodurch sich der Ökonom schon im Hemd schämt ...“. Mit dem Aufkommen des Schwierigkeitsbergsteigens änderte sich das Publikum, zumindest teilweise. Jetzt kamen sie zur Hütte herauf, die Heroen des sechsten Schwierigkeitsgrades, bestrebt, den Berg dort anzugehen, wo ihn andere Menschen meiden, wenn daneben die leichtere Spur zum Gipfel führt. Bleich, hager, von Möhren nur knapp genährt, standen sie da. Ernst und entschlossen ihr Blick. Zu längerem oder gar lockerem Gespräch am Hüttentisch waren sie nur selten bereit. Allein die Schwierigkeit der Wand von morgen erfüllte ihr Denken und Fühlen auf nächtlichem Lager. Der steile Zahn, den sie anderntags bezwingen wollten, war ein solcher aus Wettersteinkalk.

Junge Kletterer ohne Pathos

Bald aber wurden sie durch entspanntere junge Kletterer abgelöst. Mit dem Pathos ihrer Väter und deren Liedern vom Kampf auf Leben und Tod hatten die nichts mehr am Hut. Dafür bezwangen sie jetzt – mit freilich fortgeschrittener Ausrüstung – Wände, die bis dahin als unersteigbar gegolten hatten.

Dem Gros unserer Hüttenbesucher allerdings war und ist damals wie heute nicht nach der vertikalen Wand zumute. Ziel ihrer Tour blieben die schönen Wege und Steige durch unsere Bergwelt; von Hütte zu Hütte, mit Gipfeln wenn´s geht. Auch machte es jetzt der Wohlstand mehr und mehr möglich, nicht mehr wie früher die ganze Brotzeit im Rucksack heraufzuschleppen. Jetzt bestellte man nicht mehr nur Teewasser und allenfalls ein Viertel Roten beim Hüttenwirt, sondern nahm auch von den Angeboten seiner Speisekarte. Dies, obwohl es die Hüttenordnung Alpenvereinsmitgliedern nach wie vor ausdrücklich erlaubt, auch Mitgebrachtes zu verzehren. Nicht alle Wanderer indes bedenken immer und zur rechten Zeit, dass dieses Privileg nur auf AV-Hütten gilt. In manch einer anderen Hütte ist deshalb ein entspre-

chender Hinweis vonnöten. Dank besserer Versorgungswege, und weil man nicht mehr gar so abstinent lebt wie weiland, ist deshalb jetzt auch das Glas Bier – vielleicht auch deren etliche – Selbstverständlichkeit des Abends auf der Hütte geworden. Die Hüttenruhe auf den AV-Häusern setzt dem freilich (und gottlob) die zeitliche Grenze. Das Kufsteinlied verstummt kurz vor 22 Uhr, und die Bergfreunde suchen leise maulend ihr Nachtlager auf.
Zweimal spielten schlimme Jahre von Kriegs- und Nachkriegszeit unseren Hütten am Berg übel mit. Aber auch als es damit wieder aufwärts ging, blieben sie stets die Sorgenkinder derer, denen sie gehören. Unsummen verschlangen und verschlingen sie mit Investitionen, die meist ihr Geld nicht annähernd wieder einspielen. Auch die Frage des Wie im Hüttenbetrieb wird wohl Dauerbrenner bleiben. Heftige Richtungskämpfe gab´s vor allem im Alpenverein immer wieder rund um die Frage, wie denn die Hütte des Bergsteigers sein soll: einfacher oder bequemer, mehr traditionelle Schutzhütte oder mehr zeitgemäßes Gasthaus. Einstimmigkeit darüber wird es auch künftig nicht geben. Beispiel Sanitärbe-

Dr. Erich Knoll, ehemals Vorsitzender der DAV-Sektion Allgäu-Kempten, bei Umbauarbeiten an der Rappensee-Hütte.

reich: Ungeschrieben im Hintergrund steht der Satz Erich Kästners: „Die Erde ist ein reinlicher Stern, mit sehr viel Wasserspülung ...". Kann aber nur dort gelten, wo auch die Natur mitspielt und mitspült. Wo sie mit Wasser geizt, erledigt sich der Glaubenskrieg „Dusche ja oder nein" ganz von selbst, und der Bergfreund kann sich dann eben die „alpine Patina" erst drunten im Tal abseifen. Daran sind auch unsere Vorfahren nicht erstickt. Für sie war lange Zeit der Regen Dusche genug. Und auch ihre Neigung zu sonstigem Bad hielt sich oft sehr in Grenzen: „So schnell vrgoht a Johr", hot dr Bene brummlat, wia nr in d´ Badwann neigschdiega isch ...

Heftiger Streit um Rauchverbot

Heftiger Streit tobt seit Jahren um das Rauchverbot auf Hütten. Er ist auch heute noch nicht zu Ende ausgetragen. Zwei Grundrechte standen und stehen sich zähnefletschend gegenüber: Der Nichtraucher zitiert sein Recht auf Leben und körperliche Unversehrtheit (Artikel 2 Absatz 2 Grundgesetz), indes der Raucher auf die freie Entfaltung der Persönlichkeit (Absatz 1 dieses Artikels) pocht. Die Gesundheit scheint mehr und mehr zu siegen. Wo also in der Hütte die Trennung nicht möglich ist, bleibt dem Träger des anderen Grundrechts nur die Alternative, seine qualmende Persönlichkeit im Freien zu entfalten.
Allen wird´s der Hüttenwirt auch in anderen Dingen nie ganz recht machen können. Und wenn er wieder einmal – bei Schönwetter im Hochsommer – einen 16-Stunden-Arbeitstag zu meistern hat, dann bleibt´s im Streitfall nicht unbedingt bei feiner Wortwahl. Das setzt dann bisweilen eine Beschwerde ab, die den Verantwortlichen der hüttenbesitzenden Sektion zwingt, sich der Sache anzunehmen. So etwa in dem konkreten Fall – er liegt schon viele Jahre zurück – als sich der hochprominente (aber als solcher natürlich unerkannte) Akademiker aus dem hohen Norden im Zuge eines Wortwechsels das gebräuchliche „Du" des Hüttenwirts mit dem Hinweis verbat: „Für Sie bin ich immer noch Sie!" Des Wirtes wörtliche Antwort: „Fir mi bischd a Du, und a Troddl bisch drzua no ...". Der Hüttenwirt musste sich, nachdem der Sektionsvorsitzende zu ihm hinaufgestiegen war, schriftlich entschuldigen. Und der „Troddl" bewies, dass er gar keiner war. Er nahm die Entschuldigung ebenso an wie die vom Hüttenwirt zugleich ausgesprochene Einladung. Ein paar Wochen später wurde der Fall bei einer Flasche Wein vollends bereinigt.
Der aufs erste grantig wirkende Hüttenwirt muss nicht der Schlechteste seiner Zunft sein. Der etwa, dem ich auf einer Hütte im Ostallgäu zuhörte, als ein eben angekommener Gast von nordöstlich des Mains in scharfem Ton fragte: „Haben Sie Kaffee?" Die brummige Antwort des Allgäuers: „Hau dua i koin, abr i mach oin." Fraglich, ob der Gast das ganz wörtlich verstanden hat. Aber er ahnte, dass er sein Getränk wohl bekommen werde. Wenig später servierte es ihm der Wirt mit breitem Grinsen. Mehr als 100 Jahre nun schon stehen sie, viele unserer Hütten am Berg im Allgäu. Manches ist anders geworden in dieser Zeit.

Alte Probleme von neuen abgelöst

Alte Probleme sind besser gelöst heute; die Versorgung etwa der Hütte vom Tal herauf. Neue indes haben sich eingestellt: Man denke nur an Abwasserbeseitigung, Müllentsorgung oder Trinkwasserhygiene. Geblieben ist, so bleibt zu hoffen, die ungezwungene Freude all derer, die herauf kommen, einkehren, übernachten ... um hier die schöne Bergwelt zu erleben. Wir wollen sie nicht missen, so wie sie sind, unsere Allgäuer Hütten. Und es reut den Alpenverein – bei allem Kummer – nicht, dass er sich nach dem 9. Mai 1869 das Wort Petri am Berg Tabor so gründlich zu eigen gemacht hat.

Dr. Erich Knoll
Ehrenmitglied der
DAV-Sektion Allgäu-Kempten

Klaus Schlösser

Alpenüberquerung Oberstdorf-Meran

Sechs Tage auf der Panoramaroute der Bergführer.
Ein Wanderführer mit anschaulicher Beschreibung der Tagesetappen und Vorschlägen für Varianten. Ausführlicher Infoteil.

ISBN 3-9806935-7-0, Euro 7,50

Klaus Schlösser

Von Hütte zu Hütte

19 Vorschläge für leichte, knackige und mehrtägige Touren in den Allgäuer Alpen, im Tannheimer Tal und im Lechtal. Führer mit Karten, Hüttenportraits und Höhenprofilen.

ISBN 3-9806935-9-7
Euro 9,90

Schlösser/Noichl

Allgäuer Gipfelbuch

Die Gipfel der Allgäuer Alpen imKaleidoskop. Erklärung der Bergnamen. Alpine Historie und lustige Gipfelsprüche.

ISBN 3-9806935-3-8
Euro 9,50

Klaus Schlösser

Hüttenwirte erzählen

Geschichten und lustige Anekdoten von den Berghütten im Allgäu und im Tannheimer Tal.

ISBN 3-9806935-2-X
Euro 13,50

Schlösser/Karcz

Allgäu-Trilogie

CD-Rom bestehend aus drei Büchern: Hüttenführer, Gipfelbuch und Hüttenwirte erzählen. Panoramafotos, Historie und Karten.

ISBN 3-9806935-6-2
Euro 12,50

Klaus Schlösser

Loipenführer Allgäu/Tirol

Die schönsten Loipen in 34 Ferienorten zwischen Bodensee und Zugspitze. Karten, Skizzen und Infoteile. Wachsfibel mit Serviceanleitung.

ISBN 3-9806935-8-9, Euro 9,90

SL-Verlag Sulzberg/Allgäu

Höfatsweg 4 A
87477 Sulzberg
Tel. 08376 / 97 46 40 Fax 97 46 41
Internet: www.sl-verlag.de